锤炼成长　追梦青春
——自主能力发展

主　编	孙学玲	刘静文	周劲廷
副主编	王　伦	丁　娟	尹　明
	尹莎莎	文艳明	何　彬
参　编	贺　科	谭　健	李　娜
	郑德成		
主　审	徐　飚		

電子工業出版社
Publishing House of Electronics Industry
北京·BEIJING

内 容 简 介

全书围绕 36 个主题活动展开，尊重职业院校学生的成长规律，在轻松活泼的活动中，结合理论学习，帮助学生认识自我，学会识别恰当的信息并合理使用，培养正确的世界观、人生观、价值观，从而提升职业院校学生的自我管理能力，更加有效地学习和有品质地生活。

本书是职业院校核心素养主题班会系列教材中的第一册，适合第一学年使用。本书既可以作为职业院校班主任和学生召开主题班会的教材，也可以作为社会实践活动的辅助教材，还可以作为思政教师、学生管理工作者的重要参考资料。

未经许可，不得以任何方式复制或抄袭本书之部分或全部内容。
版权所有，侵权必究。

图书在版编目（CIP）数据

锤炼成长　追梦青春：自主能力发展 / 孙学玲，刘静文，周劲廷主编. —北京：电子工业出版社，2021.6
ISBN 978-7-121-39508-6

Ⅰ．①锤… Ⅱ．①孙… ②刘… ③周… Ⅲ．①思想政治教育—职业教育—教材 Ⅳ．①G711

中国版本图书馆 CIP 数据核字（2020）第 168244 号

责任编辑：程超群　　文字编辑：陈思淇
印　　刷：天津千鹤文化传播有限公司
装　　订：天津千鹤文化传播有限公司
出版发行：电子工业出版社
　　　　　北京市海淀区万寿路 173 信箱　邮编　100036
开　　本：787×1 092　1/16　印张：10　字数：256 千字
版　　次：2021 年 6 月第 1 版
印　　次：2021 年 6 月第 1 次印刷
定　　价：42.00 元

凡所购买电子工业出版社图书有缺损问题，请向购买书店调换。若书店售缺，请与本社发行部联系，联系及邮购电话：（010）88254888，88258888。
质量投诉请发邮件至 zlts@phei.com.cn，盗版侵权举报请发邮件至 dbqq@phei.com.cn。
本书咨询联系方式：（010）88254085，chensq@phei.com.cn。

编写委员会

主 任 委 员： 刘 旸　湖南省职业技术培训研究室

副主任委员：（排名不分先后）

　　　　　　邱家才　雷和平　唐海君

委　　　员：（排名不分先后）

罗　莹	蒙正炀	谢革非	周新辉	李兴魁	姜协武	高广安
罗湘明	廖光中	熊福意	易　灿	肖　评	游红军	冯国庆
何立山	姜　洪	曾　胜	贺　斌	欧惠平	刘　娟	谢　穗
沈朝辉	贺　辉	向　波	彭伊凡	张　斌	郭　彪	孟一凡
贺志华	陈实现	刘彦波	刘　颖	李　皑	陈法安	殷建国
邹仁义	周正耀	丁志强	黄　鑫	黎　军	尹存成	柏先红
王中军	曹钰涵	谭翔北	刘　清	甘云平	金之椰	李繁华
申学高	窦　伟	兰建国	钟　睿	黄俊云	胡贤燎	肖晓光
张　倩	刘春兰					

序言

为学生的终身发展奠基

职业教育与普通教育具有同等重要地位，肩负着为党育人，为国育才的历史使命。这就要求我们必须落实立德树人根本任务，立足学生的终身发展，提升其核心素养，为我国经济社会发展提供有力的人才支撑，实现中华民族伟大复兴中国梦。

一、培育学生核心素养是新时代对技能人才的新呼唤

2014年，教育部发布《关于全面深化课程改革落实立德树人根本任务的意见》，提出"研究制订学生发展核心素养体系和学业质量标准。明确学生应具备的适应终身发展和社会发展需要的必备品格和关键能力。"这是我国首次提出"核心素养体系"的概念。2016年9月13日，《中国学生发展核心素养》正式发布，明确学生应具备的、能够适应终身发展和社会发展需要的必备品格和关键能力，是关于学生知识、技能、情感、态度、价值观等多方面要求的综合表现。它是以培养"全面发展的人"为核心，分为文化基础、自主发展、社会参与3个方面，综合表现为人文底蕴、科学精神、学会学习、健康生活、责任担当、实践创新等六大素养。它根植于中国传统文化、适应现代化要求、紧扣我国国情、满足学生需要的"核心素养"，为新时代人才培育指引了方向。

在未来人力资源市场需求多变的形势下，职业院校不仅应重视学生习得足够的基础知识、基本技能，还要注重学生认识能力、理解判断能力、综合能力等核心素养的培育。

二、牢牢把握培育学生发展核心素养的新理念和新要求

《中国学生发展核心素养》中提出的中国学生发展应该具备6大素养以及18

个基本要点。各素养之间相互联系、相互补充、相互促进，在不同情境中整体发挥作用。

一是文化基础。它涵盖人文、科学等各领域的知识和技能，掌握和运用人类优秀智慧成果，追求真善美的统一，让学生发展成为有宽厚文化基础、有更高精神追求的劳动者。第一，包括人文底蕴，主要是学生在学习、理解、运用人文领域知识和技能等方面所形成的基本能力、情感态度和价值取向，涵盖了人文积淀、人文情怀和审美情趣等基本要点。第二，体现在科学精神，是学生在学习、理解、运用科学知识和技能等方面所形成的价值标准、思维方式和行为表现，涵盖了理性思维、批判质疑、勇于探究等基本要点。

二是自主发展。它表达的是能有效管理自己的学习和生活，认识和发现自我价值，发掘自身潜力，有效应对复杂多变的环境，成就出彩人生，发展成为有明确人生方向、有生活品质的劳动者。第一，学习能力，学生在学习意识形成、学习方式方法选择、学习进程评估调控等方面的综合表现，具体包括乐学善学、勤于反思、信息意识等基本要点。第二，健康生活，这是学生在认识自我、发展身心、规划人生等方面的综合表现，具体内容有珍爱生命、健全人格、自我管理等基本要点。

三是社会参与。它强调能处理好自我与社会的关系，养成现代公民所必须遵守和履行的道德准则和行为规范，增强社会责任感，提升创新精神和实践能力，促进个人价值实现，推动社会发展进步，发展成为有理想信念、敢于担当的劳动者。第一，责任担当，学生在处理与社会、国家、国际等关系方面所形成的情感态度、价值取向和行为方式，具体有社会责任、国家认同、国际理解等基本要点。第二，实践创新，这是学生在日常活动、问题解决、适应挑战等方面所形成的实践能力、创新意识和行为表现，包含劳动意识、问题解决、技术应用等基本要点。

三、积极开展职业院校学生核心素养的新探索和新实践

核心素养目标如何达成？通过什么途径实现？这是新时代职业院校培养学生核心素养时需要考虑的重要问题。

职业院校要适应新时代要求，探究和把握学生成长规律，丰富学生核心素养培育载体，创新开展课程思政、手脑并用、知行合一，加强实践教育。例如，充分发掘主题班会和第二课堂的育人功能，形成健康向上的校园文化氛围，作为学校思政工作的有效补充。

序　言

　　主题班会课是落实思政工作的重要阵地之一，是促进学生健康成长，提升学生核心素养的必要课堂，是对学生进行思想、道德、法治、人格、心理、安全等方面教育的重要途径。

　　以湖南省商业技师学院为代表的部分技工院校探索基于核心素养培育的体验式主题班会活动，通过体验式主题班会活动的形式，使学生的核心素养能够得到不断培育，有效促进学生掌握所学知识与技能，激发学习兴趣，培养创新意识，促进个性发展，提升多元化能力，从而使学生能够更好地适应社会发展的需求。这是一种很好的尝试和实践，很有意义。

　　围绕这个课题，湖南省职业技术培训研究室牵头，组织部分技工院校，突出立德树人这一根本任务，利用主题班会课，培育学生的核心素养，使之内化于心、外化于行，遵循学生身心成长规律，以促进学生全面发展和终身发展为目标。结合学生发展核心素养及职业院校学生的实际情况，采用模块化设计，开发了"职业院校学生发展核心素养系列读本"，包括《自主能力发展》《人文底蕴素养》《社会参与能力》《职业精神培育》四本读本，每本读本设计了36个主题活动，通过四个维度144个主题活动，构建规范的学生发展核心素养主题班会活动体系，从多角度、多层面，深入浅出地引导学生体会人生哲理、学习优秀文化、参与社会活动、培育职业精神，达到加强学生自主管理、增强文化自信、勇于承担责任、提升职业能力的目的，最终实现培养有理想信念、家国情怀、精湛技艺、创新精神的未来工匠之目的。

　　探索新时期学生核心素养培育途径是一个永不落幕的课题，希望更多关注技能人才培育的有识之士共同探讨和研究，共同推动这项有意义的工作，为提高学生的核心素养，增强就业竞争力，提升适应岗位及职业变化的能力，为学生的可持续健康发展，提供可借鉴的方法和模式。

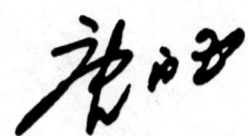

前　言

党的十八大报告指出，"把立德树人作为教育的根本任务，培养德智体美全面发展的社会主义建设者和接班人"，同时也将"立德树人"首次确立为教育的根本任务，并要贯穿在教育教学全过程中，旨在提升教育教学质量，培养德、智、体、美、劳全面发展的社会主义接班人和建设者。

为了贯彻落实立德树人的根本任务要求，为各职业院校开展学生思想政治教育提供参考，我们组织人员根据教育部中国学生发展核心素养课题组发布的《中国学生发展核心素养》的基本内容编写了本套丛书，包括《自主能力发展》《人文底蕴素养》《社会参与能力》《职业精神培育》四本。每本书的内容按周班会围绕主题活动展开，尊重职业院校学生的成长规律，在轻松活泼的活动中，结合理论学习，帮助学生认识自我，学会识别正确的信息并合理使用，培养正确的世界观、人生观、价值观，从而提升职业院校学生的自我管理能力，更加有效地学习和有品质地生活。

本书是职业院校核心素养主题班会丛书的第一本，共36个主题活动，每个主题活动包括活动目标、活动探究、活动体验、活动回顾、活动延伸五部分。采用活动体验式的结构，结合复盘反思的方式，以立德树人为根本，以理想信念教育为核心，以社会主义核心价值观为引领，以全面提高学生综合职业能力为关键，以学生为主体，重塑师生关系，使主题班会真正成为学生自我教育、自我成长的平台，让思想教育真正内化为学生的行为习惯，切实提高学生思想政治工作的实效性，开创新时代职业院校思想政治工作的新局面。

本书的编者都是来自工作一线的班主任、学生工作管理者及职业教育专家，有着丰富的理论积淀和实战经验。本书以习近平新时代中国特色社会主义思想为指导，落实全国教育大会会议精神，遵循教育规律、思想政治工作规律、职业院校学生成长规律，把握学生的思想特点和发展需求，以中国学生核心素养为脉络，不仅图文并茂、通俗易懂，而且还有活动延伸等环节。本书既有贴合时代性的宏大主题，又有帮助学生学习成长的细致关怀，更贴近学生生活，联系学生实际，真正做到了"接地气"，可有效地提高主题班会的质量。

特别感谢徐飚老师担任本书主审。本书由孙学玲、刘静文、周劲廷担任主编，王伦、丁娟、尹明、尹莎莎、文艳明、何彬担任副主编，贺科、谭健、李娜、郑德成担任参编，感谢后宗瑶博士在编辑过程中配合修改。

当然，受编者水平所限，书中难免存在不足之处，由衷地希望使用本书的师生提出宝贵意见，给予批评指正。

编者联系邮箱：496711976@qq.com。

编　者

目　　录

活动 01　我是谁 …………………………………………………………… 001

活动 02　我的背影 ………………………………………………………… 005

活动 03　我和爸妈说说心里话 …………………………………………… 009

活动 04　我与老师的故事 ………………………………………………… 013

活动 05　我离职场有多远 ………………………………………………… 016

活动 06　我的舞台我来演 ………………………………………………… 020

活动 07　尊重规律，实事求是 …………………………………………… 024

活动 08　流水不腐，户枢不蠹 …………………………………………… 028

活动 09　养成良好的习惯 ………………………………………………… 033

活动 10　尺有所短，寸有所长 …………………………………………… 036

活动 11　青春之歌 ………………………………………………………… 039

活动 12　为青春而奋斗 …………………………………………………… 043

活动 13　拥有自信，拥抱未来 …………………………………………… 046

活动 14　自信的翅膀 ……………………………………………………… 053

活动 15　环保节能，从我开始 …………………………………………… 057

活动 16　爱护公物，创造美好 …………………………………………… 061

活动 17　共建班级，共同进步 …………………………………………… 065

活动 18　不经历风雨，怎么见彩虹 ……………………………………… 068

活动 19　世上无难事，只怕有心人 ……………………………………… 072

活动 20　恰同学少年，风华正茂 ………………………………………… 077

活动 21　我的青春我绽放 ………………………………………………… 081

活动 22　用知识来改变命运 ……………………………………………… 085

活动 23	在学习中寻找快乐	088
活动 24	时间是最公平的计量单位	092
活动 25	我的一天	096
活动 26	不扫一屋，何扫天下	101
活动 27	公共卫生，长抓不懈	105
活动 28	做情绪的主人	109
活动 29	倾听的力量	114
活动 30	勤加锻炼，强健体魄	119
活动 31	合理饮食，健康成长	122
活动 32	我的人生我做主	127
活动 33	构筑心灵防火墙	131
活动 34	网络诈骗，学会应对	135
活动 35	我与网络二三事	140
活动 36	我的信息安全我守护	144

活动 01　我是谁

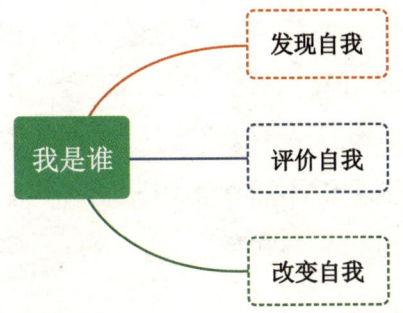

活动目标

1. 学会客观地认识自己，正视自己的优点和缺点。
2. 学会正确地接受他人对自己的评价，接纳自己。
3. 学会在接纳自己的基础上，尝试改变自己。

活动探究

情境导入

常言道："尺有所短，寸有所长。"生活中的每个人也同样如此，既有自己的长处，也有自己的不足。我们每个人都应该清楚地认识自己，正视自己的长处和不足，以正确的态度来看待自己。对待自己的长处，我们不应该过分夸耀、妄自尊大；对待自己的不足，我们也无须羞于见人、妄自菲薄。我们在生活中应该做到扬长避短、取长补短。

学生思考

1. 我的长处是什么？
2. 我做事的方式是什么？
3. 我能为别人做什么？

知识探究

实现自我认知是为了更好地做自己,也是为了更好地实现个人价值,服务社会。自我认知,是一个永恒的主题,是对自己的洞悉和理解,也是自我观察和自我评价的过程。我们可以从现实和过去生活中的状况认识自己;从专业学习过程中认识自己;从过去取得的成功和挫折中认识自己;从生理和心理上认识自己;从个人强项和弱项中认识自己;从个人喜欢和讨厌的事物中认识自己。在自我认知的过程中,需要我们不断探索和发现,要有勇气面对自己,坚持自己的个性,给自己笑容和掌声,告诉自己"我就是唯一"。

活动体验

 同学们,请用陈述句围绕"我是谁"这个问题,写出10个能表现自己个性和特征的句子。

序号	描述自己的性格特点	+	–
1	我是一个　　　　　　　　　　　　的人		
2	我是一个　　　　　　　　　　　　的人		
3	我是一个　　　　　　　　　　　　的人		
4	我是一个　　　　　　　　　　　　的人		
5	我是一个　　　　　　　　　　　　的人		
6	我是一个　　　　　　　　　　　　的人		
7	我是一个　　　　　　　　　　　　的人		
8	我是一个　　　　　　　　　　　　的人		
9	我是一个　　　　　　　　　　　　的人		
10	我是一个　　　　　　　　　　　　的人		

1. 看一看,在上面的自我描述中,有哪些是正面的描述,哪些是负面的描述?请在每个描述后面用"+"表示正面的描述,用"–"表示负面的描述,中性的描述可以不标符号。最后统计出你的正面描述多,还是负面描述多?

2. 如果你的负面描述多，请思考为什么会出现这种情况？你是否过于关注自己的缺点？请将相关思考结果写在卡片中。

两人为一组进行评价，请以真诚的态度评价对方，被评价者应虚心接受他人对自己的评价，并将评价记录在卡片中。

你眼中的我

每位同学在卡片中画自画像，可以画本人的头像，也可以画出你觉得能代替自己的其他画面，并与大家说说你的自画像有什么寓意。

活动回顾

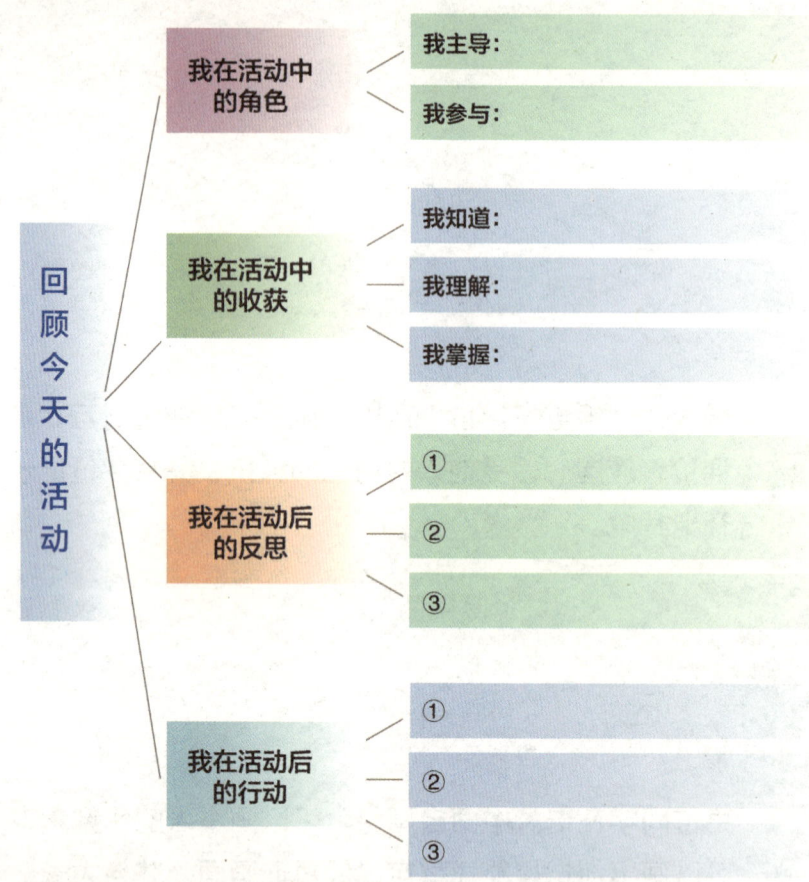

活动延伸

每一个人在世界上都是独一无二的。为了更全面的认识自己,每天留出一些时间,从自己的性格、行为习惯、人际关系、兴趣爱好等多方面进行反思。反思时,每次思考一至两个问题,可参考下方表格进行记录。

问　题	反　思
1.	
2.	

活动02　我的背影

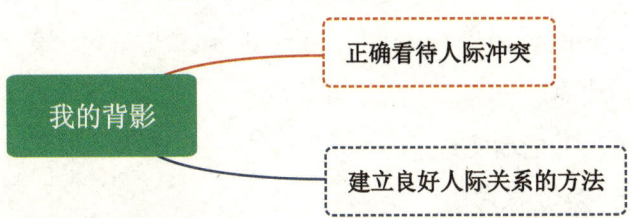

活动目标

1. 正确看待人际冲突。
2. 掌握建立良好人际关系的方法。
3. 通过建立良好人际关系，营造和谐的班级氛围。

活动探究

情境导入

动物学家对奥兰治河两岸的羚羊进行研究，发现东岸的羚羊群无论是奔跑速度还是繁殖能力都比西岸的强。因为这些羚羊的生存环境和属类都是一样的，所以致使动物学家始终不明白造成这种现象的原因。有一年，他们在东西两岸各捉了20只羚羊送到对岸，最后，运到东岸的20只羚羊只剩下了4只，其余的全被狼吃了。动物学家这才明白，东岸的羚羊之所以生存能力强，是因为它们附近生活着一群狼；西岸的羚羊之所以弱小，是因为它们少了狼这一天敌。

学生思考

1. 你从上述案例中想到了什么？
2. 你在校园人际交往中，遇到过哪些"冲突"？你是怎么处理的？

3. 分享你与同学相处的小技巧。

✤ 知识探究

人际冲突客观存在、不可避免，不要把冲突看得过于严重甚至抗拒它，应尽量积极处理冲突。当与同学发生冲突、矛盾时，你应该做到以下几点：

1. 学会沟通交流。
2. 做到换位思考。
3. 懂得宽容待人。

活动体验

 "心有灵犀"游戏。

1. 以小组为单位，排成纵队。

2. 第一个人查看教师出示的数字组合纸条，通过肢体语言将信息依次往后传，最后一位同学把自己猜测的数字告诉老师。

3. 活动过程中保持安静，信息只在两个人之间传递，已完成信息传递的同学和未完成信息传递的同学都需要背对正在进行信息传递的同学。

学生讨论：沟通交流的过程中是否存在理解偏差？怎样做到有效的沟通交流？请将讨论结果填入卡片中。

 案例讨论。

某市学生王强（化名）因为一件小事与同班女同学李红（化名）发生口角，李红随即找到了同校的陈东（化名）为自己出气。陈东与王强见面后发生了厮打，陈东受伤。陈东于次日 21 时许又纠集了本校的张三（化名）、王二（化名）等 10 名同学在校园内再次追打王强。在此过程中，王强为自保先后将张三、王二打伤。王强随即被接警后赶到的公安人员抓获。

学生讨论：看到上述案例你有什么感受？运用换位思考的方式，讲讲你的做法。

 回顾令自己感受最深的一次不愉快的事件，填写下表。

事件过程	
当时的处理对策	
对双方造成的影响	
如果可以重来，我将这样处理	

人际沟通是一个双向的过程，但沟通的过程中会出现理解偏差，即一方所表达的含义并未正确无误地被另一方接收。有效的信息沟通要素包括准确表达、用心聆听、思考质疑、澄清确定。学会沟通交流、换位思考、宽容待人是建立良好人际关系的基础。

自主能力发展

活动回顾

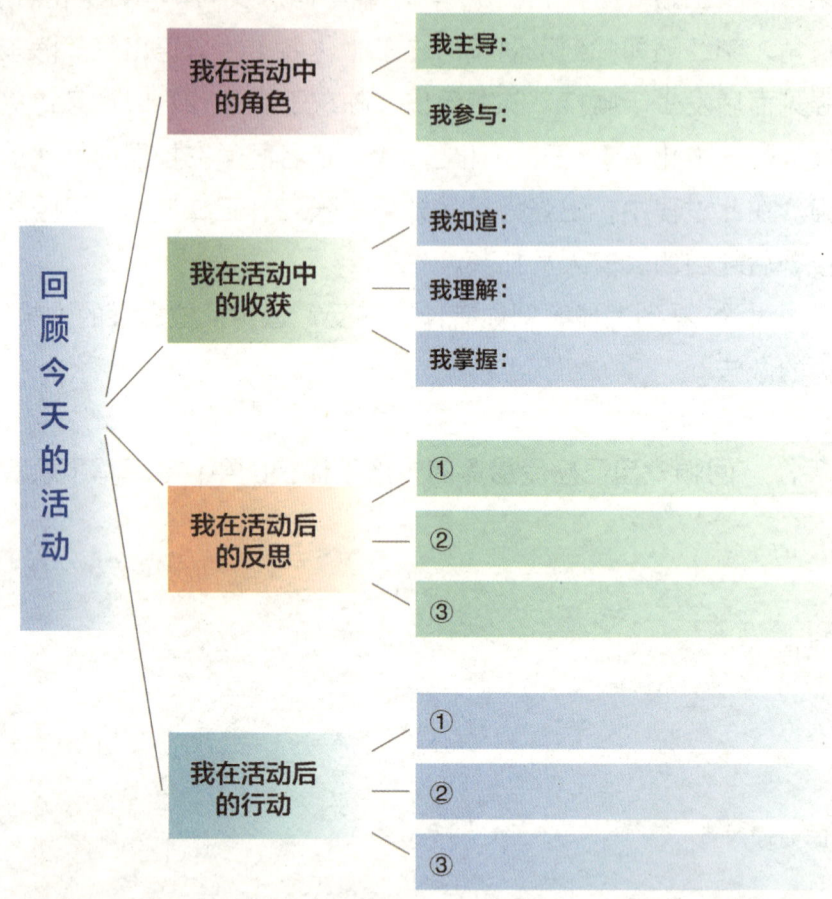

活动延伸

1. 学会宽容与理解。
（1）每天对身边的人微笑三次，通过微笑将快乐不断传递。
（2）尝试原谅可能伤害过你的人，消除不快乐的负能量。
（3）每天做一件力所能及的、能够帮助别人的好事。
（4）当别人让你感到不愉快时，尽量了解他的苦衷。
（5）见到别人成功，真诚地为他鼓掌，而不去嫉妒他人的成功。
2. 请同学们阅读书籍《学会宽容》（江苏人民出版社）。

人生充满了顺境或逆境，这是一种常态。在我们处于逆境时，要学会坦然面对。我们只有学会宽容，才能更好地领悟生命的意义，理解人性的弱点，穿越生命盲区，方能智慧处事、怡然自得。

活动 03　我和爸妈说说心里话

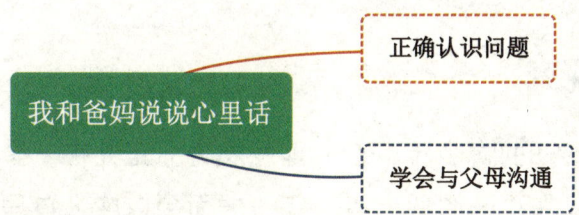

活动目标

1. 树立正确的价值观。
2. 学会克服自己的"逆反心理",提高沟通能力。
3. 学会主动与父母沟通。

活动探究

情境导入

"当我 7 岁时,我感到父亲是天底下最聪明的人;当我 14 岁时,我感到父亲是天底下最不通情达理的人;当我 21 岁时,我忽然发现父亲还是很聪明的。"

——马克·吐温

你怎么理解这句话?请大家把自己能想到的写在卡片中。

学生思考

1. 你觉得父母对你有哪些影响？
2. 生活中你是如何与父母相处和交流的？
3. 与父母发生矛盾冲突后，你是怎么做的？

知识探究

处在青春期的青少年，在心理发展方面正处在一个半成熟、半幼稚的阶段。在这一阶段，青少年一方面会以成人自居，另一方面又受到自身经验和能力的限制，内心充满矛盾和不安，容易产生逆反心理。青春期的你可以多和父母聊天，主动向父母汇报在校情况；虚心听取父母的批评和建议；多和父母探讨，交换不同的看法，消除认识上的分歧，解决心里的困惑等。

请将你们青春期的困惑写下来，并在合适的时间，用你们觉得有效的交流方式与父母进行沟通。

活动体验

 同学们，你了解自己的父母吗？请认真在表格中填写你的答案。

序号	你了解你的父母吗	
1	父母的生日是什么时候	
2	父母最大的优点是什么	

3	父母最大的爱好是什么	
4	父母最喜欢吃的菜是什么	
5	父母最喜欢唱的歌是什么	
6	父母最骄傲的事情是什么	
7	父母最常跟你说的话是什么	
8	你最想和父母说什么	

在上面的问题中，有哪些是你能够回答出来的？有哪些是你从来没有注意到的？通过上面的问题，你有哪些感悟？

小新马上要过生日了，班上有几个要好的同学都说要参加她的生日会，小新也想乘这个机会和好朋友聚聚。可是她家里并不富裕，父母上班又很忙。她应该怎样跟父母沟通呢？

活动要求：1. 分组模拟小新和父母商量的过程。
　　　　　　2. 通过模拟体会与父母沟通的技巧。
　　　　　　3. 将自己的方法与同学分享。
活动收获：将你的沟通妙招或困惑写下来。

学会与父母沟通要掌握一定的技巧和方法。你可以换位思考，自我反思；也可以大胆说出自己的感受，和父母商量着解决问题。彼此了解是沟通的前提，尊重理解是沟通的关键，沟通的结果是求同存异。以爱的方式，大胆与父母说说心里话。

自主能力发展

活动回顾

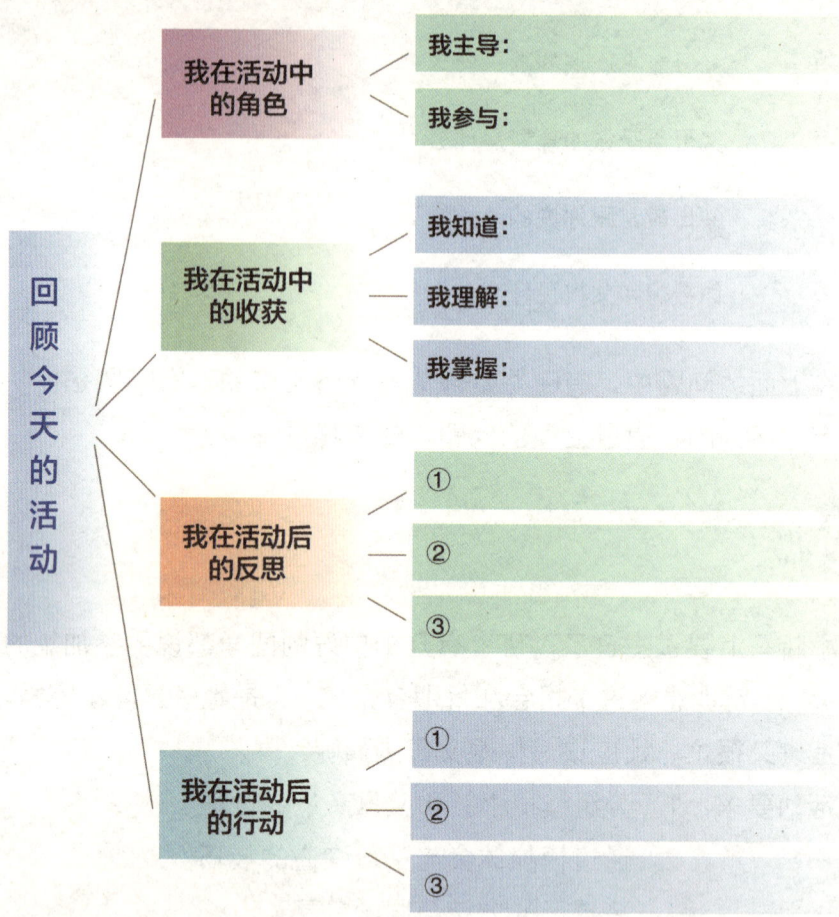

活动延伸

请同学们在课后写一封给父母的答谢信。将你们想对父母说的话写下来，并在合适的时间读给他们听。

活动 04　我与老师的故事

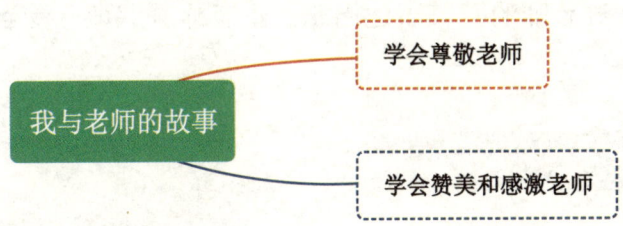

活动目标

1．学会尊敬老师，养成良好的文明习惯，学会尊重他人，感恩他人。

2．学会赞美和感激老师，拉近师生距离，创建和谐的师生关系。

活动探究

情境导入

老师——人类灵魂的工程师，引领我们走向知识的殿堂。老师是精神文明的引领者，知识海洋前进中的指路明灯。今天，我们走进了职业学校的大门，将要和这里的老师共度三年宝贵的学习时光。老师将为我们专业技能的养成和文化水平的提升呕心沥血。让我们在踏入校园的今天，来认识老师，了解老师。

学生思考

1．你心中最敬仰、怀念的老师是谁？为什么？

2．作为一名学生，你认为如何感恩为我们辛勤付出的老师？

3．如果你是一名老师，你如何做到教书育人、为人师表？

知识探究

"一支粉笔两袖清风，三尺讲台四季晴雨，加上五脏六腑七嘴八舌九思十想,滴滴汗水诚滋桃李满天下。十卷诗赋九章勾股,八索文思七纬地理,连同六艺五经四书三字两雅一心,点点心血亲育英才泽神州。"这是一副描写老师的对联,看到这副对联,你是否想起过去的老师?尊师重教是中华民族的传统美德,念师情,谢师恩,把自己对老师的赞美表达出来,让老师深深地感受到我们的敬爱之情。

活动体验

 做一天班主任老师。

在课前,以班级为单位,分小组选出代表,轮流体验"做一天班主任老师"的活动,感知老师的辛苦。在此活动中,你为老师做了哪些事?有什么感悟?请写感悟日记,记录自己在活动中的表现,把心得体会分享给班里的同学。

 我心中的班主任海报。

1. 小组间分享令自己印象最深刻的老师的故事。
2. 描绘出自己心中的老师,并在班级里与同学们分享。
3. 每位同学绘制一份以"我心中的班主任老师"为主题的海报。
4. 成立评选小组,选出优秀作品并在教室中展示。
5. 部分同学发言,分享活动心得和自己与老师之间的故事。

 谈谈建议与方法。

对于本次活动，你还有什么好的建议和方法？对于你心中的老师，你还有什么悄悄话要说？

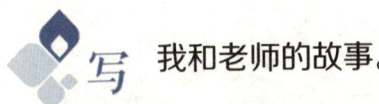 我和老师的故事。

"粉笔生涯，讲台春秋"是教师生活的真实写照，你会用怎样的语言去赞美"我心中的班主任老师"呢？

活动回顾

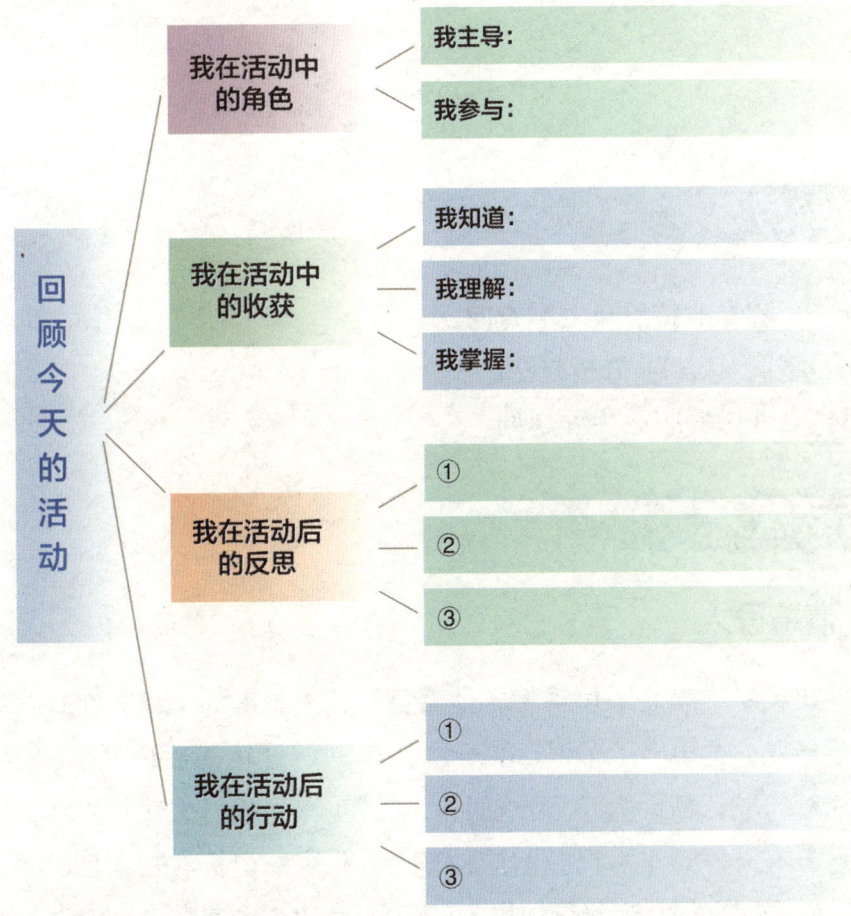

活动延伸

为老师做一件事，感恩于心，贵在坚持，重在行动。请记录你在学校为老师做了哪些事。

自主能力发展

活动 05　我离职场有多远

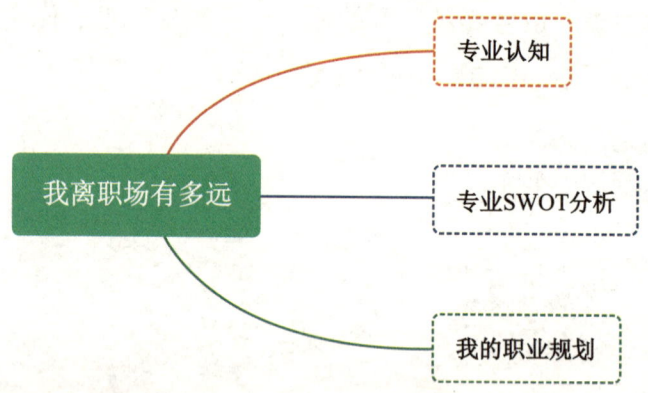

活动目标

1. 了解专业特点及发展方向。
2. 掌握 SWOT 分析方法。
3. 合理做好职业生涯规划。

活动探究

❈ 情境导入

在出租车上坐着一位乘客，他看见一辆未载客的出租车在马路上违规行驶，结果出了车祸，就对司机感叹："这辆车没有载客，空车还违规行驶，何必呢!"司机回答说："空车司机总想着找乘客，没办法一心一意驾车。而我们这种车上有乘客的司机，知道目的地在哪，心里有目标，奔着目的地走就是了。"人生也是如此，没有了目标，也就丧失了动力，而有了目标就有了方向。

❈ 学生思考

1. 你怎么理解这个故事？

2．你当初选择专业的依据是什么？

3．你对自己的职业生涯规划有什么设想？

✿ 知识探究

各种职业都有其自身的特性，每个人对职业意义的认识有深有浅，对职业也有不同的评价。一个人对职业的认识和态度，以及他对职业目标的追求和向往，决定了他未来的高度。专业与职业存在多种关系，而在一对一的简单关系中，一个专业方向对应一个职业目标，便于我们先定目标，后选路线。同学们应该对自己所学专业进行全面深入地了解，能更准确地了解所学专业的现状及其发展情况，明确未来的职业发展方向。

活动体验

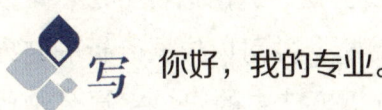

你好，我的专业。

活动形式：以小组为单位，填写下方卡片。

活动要求：用尽可能多的关键词对专业特点和工作岗位进行描述。

专业特点	工作岗位

在卡片中写出你选择专业的理由。

在卡片中写出你对未来职业生涯的设想。

 我的专业优势。

活动形式：采用 SWOT 分析方法，分析在专业中自己的优势、劣势。

活动说明：SWOT 是一种态势分析方法，运用这种方法，可以对自己目前的情况进行全面、准确的分析，并可以依据分析的结果来编制相应的计划和对策。SWOT 分析方法中的四个字母分别代表：Strengths（优势）、Weaknesses（劣势）、Opportunities（机会）、Threats（威胁）。

SWOT 分析方法的步骤：

1. 尽可能全面地列出自己的优势和劣势，以及可能存在的机会与威胁。

2. 优势、劣势、机会、威胁四个方面可以两两组合，形成 SO、ST、WO、WT 四种不同的策略。

3. 分别对 SO、ST、WO、WT 四种策略进行辨别和选择，以此来确定自己目前应该采取的方式与策略。

通过自我分析后，填写下表。

优　势	劣　势
性格开朗，善于沟通……	个性固执，喜欢逃避……

机　会	威　胁
就业面广，人才需求旺盛……	竞争激烈，经济下行……

活动回顾

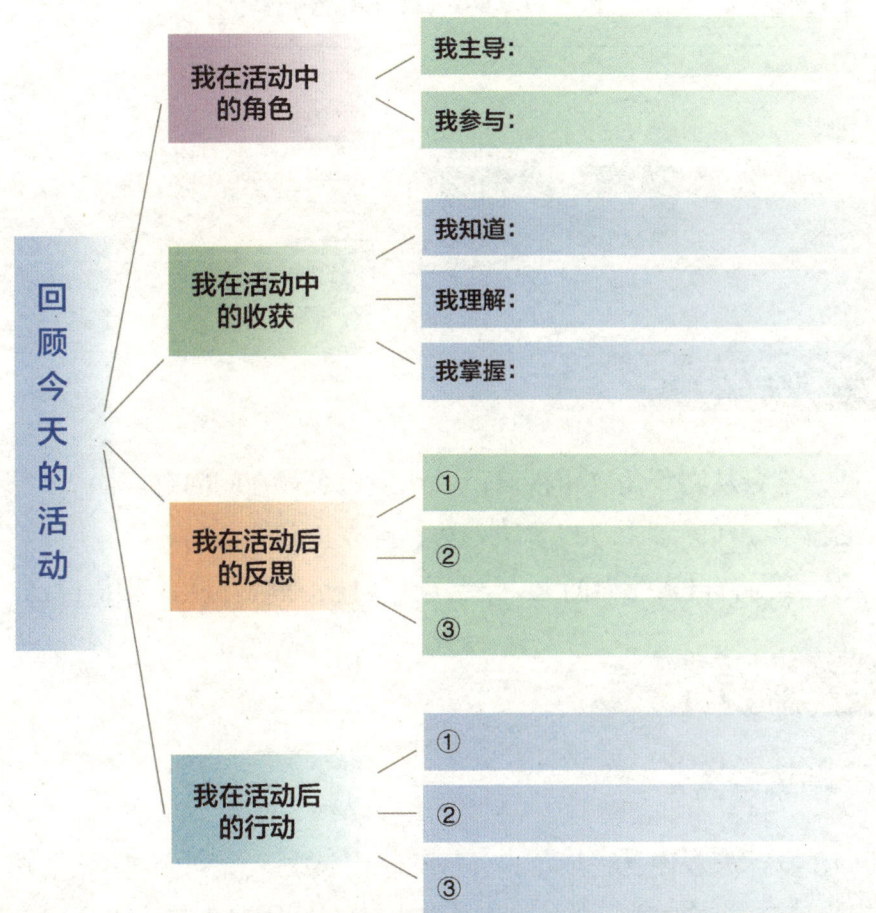

活动延伸

请同学们阅读书籍《人生不设限》(湖北教育出版社)。

作者力克·胡哲一出生就被确诊为海豹肢症,四肢全无。他曾无法面对如此残酷的人生,一度崩溃,失去活下去的勇气。直到10岁,他的观念发生了根本性变化。他第一次意识到"人要为自己的快乐负责"。从此,充满生命力、热情成为他的代名词!

这本书向我们展现了力克·胡哲面对人生绝境的处世智慧、积极的人生态度,以及全新的观念——"我或许并不完美,但我却是完美的我"。他告诉我们:每个人都是独一无二的。

活动06 我的舞台我来演

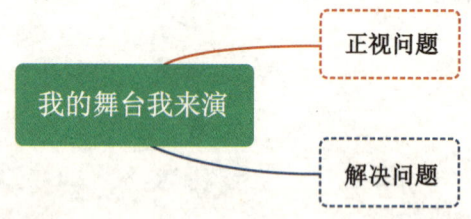

活动目标

1. 学会从客观角度审视自己,认识自身存在的问题。
2. 学会在问题中寻找解决办法,确立正确的方向。
3. 成为有自省能力的人,学会反省自己、欣赏自己、相信自己。

活动探究

情境导入

18岁标志着你已是成年人,意味着你长大了,可以作为一个独立的个体立足于社会。那么,你认为长大、成年对于每个人来说意味着什么呢?

学生思考

1. 你在学习、生活中需要克服哪些问题？
2. 你在与人交往的过程中还有哪些方面可以做得更好？
3. 你拥有哪些宝贵的品质？你进入职业院校后收获了什么？

知识探究

能理性地认识自己在某些方面的不足，就是自我超越。缺点的产生具有一定的客观原因，处理缺点的关键不是消灭它，而是你能否将负面影响降到最低，避免下一次重蹈覆辙。

请同学们按照下面的表格（自我审视五求方法，即求真、求实、求学、求内、求道）进行自我审视。

不　　是	而　　是
◆ 自己骗自己，认为自己是对的	◆ 重在实事求是（求真）
◆ 流于形式，走过场	◆ 重在内容和找原因（求实）
◆ 追究责任，开批判会	◆ 重在改进和提高（求学）
◆ 强调客观，推卸责任	◆ 重在反思和自我剖析（求内）
◆ 简单下结论，刻舟求剑	◆ 重在找到本质和规律（求道）

活动体验

 请根据提示填写空白处。

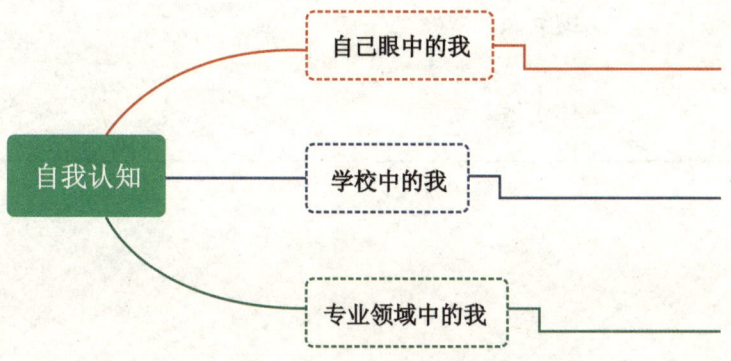

自主能力发展

 根据你在学习、生活及人际交往中的实际情况,填写近期发生在你身边的一件事。

主题:

人物:

概况简述:

阶段性目标:

评估结果:

分析原因:

总结经验:

行动计划:
　　开始做
　　继续做
　　停止做

活动回顾

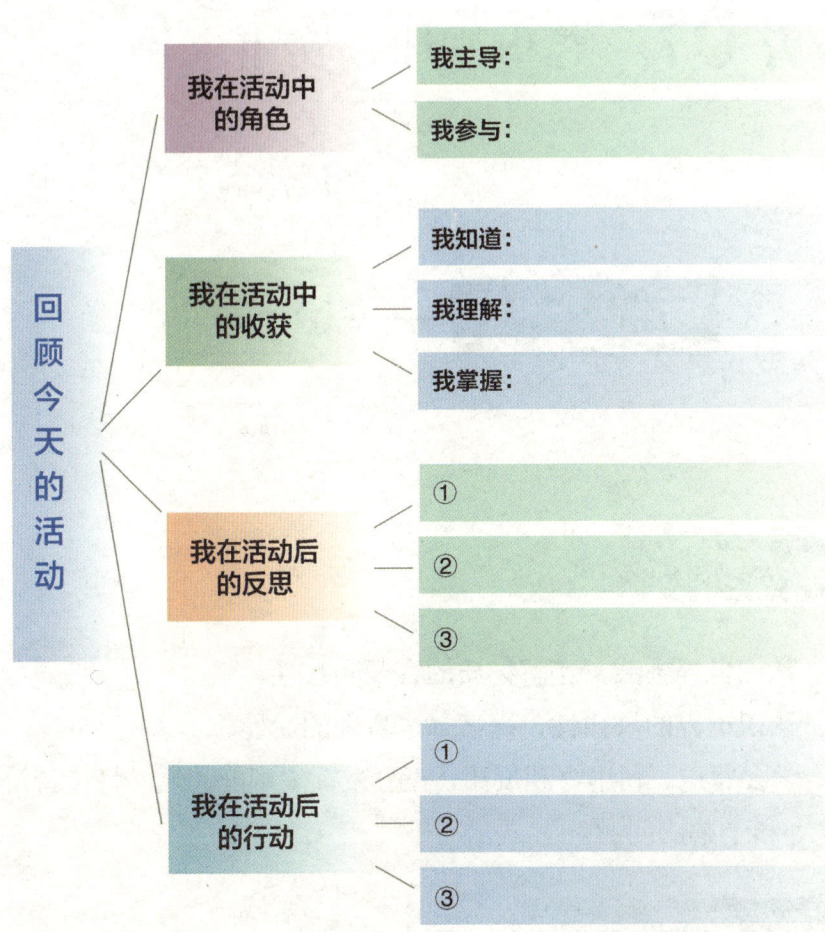

活动延伸

请同学们阅读书籍《复盘》(机械工业出版社)。

《复盘》这本书系统讲述了在实际工作、生活、学习中复盘的概念,明确复盘的意义,清晰讲解复盘的操作步骤,提供了复盘的应用方法,便于读者随时随地提高自己,通过反思把事情琢磨透,并获得成功。

自主能力发展

活动 07　尊重规律，实事求是

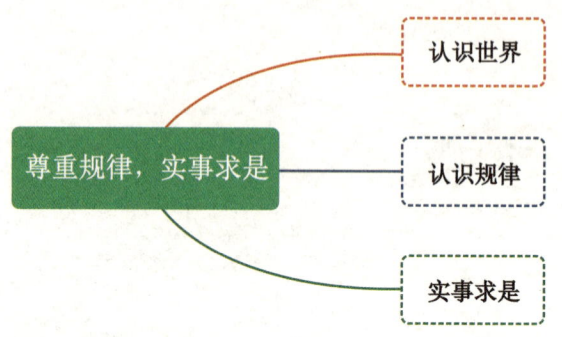

活动目标

1. 认识世界本源，了解物质的客观实在性。
2. 认识世界的规律性，探索寻求真理的途径。
3. 学会尊重、利用客观规律，充分发挥主观能动性，将二者辩证统一，科学解决问题。

活动探究

情境导入

从古至今，一直流传着众多神话故事，如盘古开天、女娲造人、女娲补天等，请同学们说说这些神话故事。

学生思考

1. 你认为真的存在盘古和女娲吗？
2. 结合你所掌握的知识，说说人类的起源。

知识探究

1. 世界的本质是物质的，世界对物质的正确理解是我们认识和把握世界本质和规律的前提。
2. 物质决定意识，意识对物质具有反作用。
3. 真理具有客观性，即对客观事物及其规律的正确反映。
4. 尊重客观规律是发挥主观能动性的前提；只有充分发挥主观能动性，才能正确的利用客观规律。

活动体验

辨 根据你的认知，完成下表。

种　类	是否属于物质
蔬　果	是（　）否（　）
椰　汁	是（　）否（　）
矿　石	是（　）否（　）
分　子	是（　）否（　）
食　用　油	是（　）否（　）
剪　纸	是（　）否（　）

请试着分析下列物质的属性，并说明原因。

水果	具象物质（　）	抽象物质（　）
苹果	具象物质（　）	抽象物质（　）
动物	具象物质（　）	抽象物质（　）
蔬菜	具象物质（　）	抽象物质（　）
大象	具象物质（　）	抽象物质（　）
白菜	具象物质（　）	抽象物质（　）

自主能力发展

◆译　结合你所学的知识，解释以下诗句的含义。

1. 日月得天，而能久照；四时变化，而能久成。
2. 芳林新叶催陈叶，流水前波让后波。
3. 人法地，地法天，天法道，道法自然。

◆思　观察以下图片，参与实践活动。

1. 猜一猜哪张图中的苹果更甜。

2. 上下颠倒看以下图片，有什么不同？

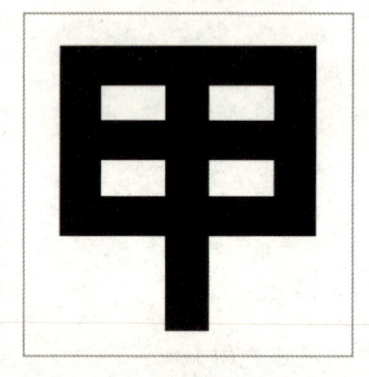

通过以上两组图片，说说你在学习、生活中对于"实践出真知"有什么体会。

◆悟　结合实际体验，谈谈你的感悟。

1. 人类为什么要尊重大自然规律，与大自然和谐相处？

026

2. 在目前的学习、生活中,你最喜欢的科目是什么?最大的爱好是什么?这些对你将来的生活会有什么影响?

活动回顾

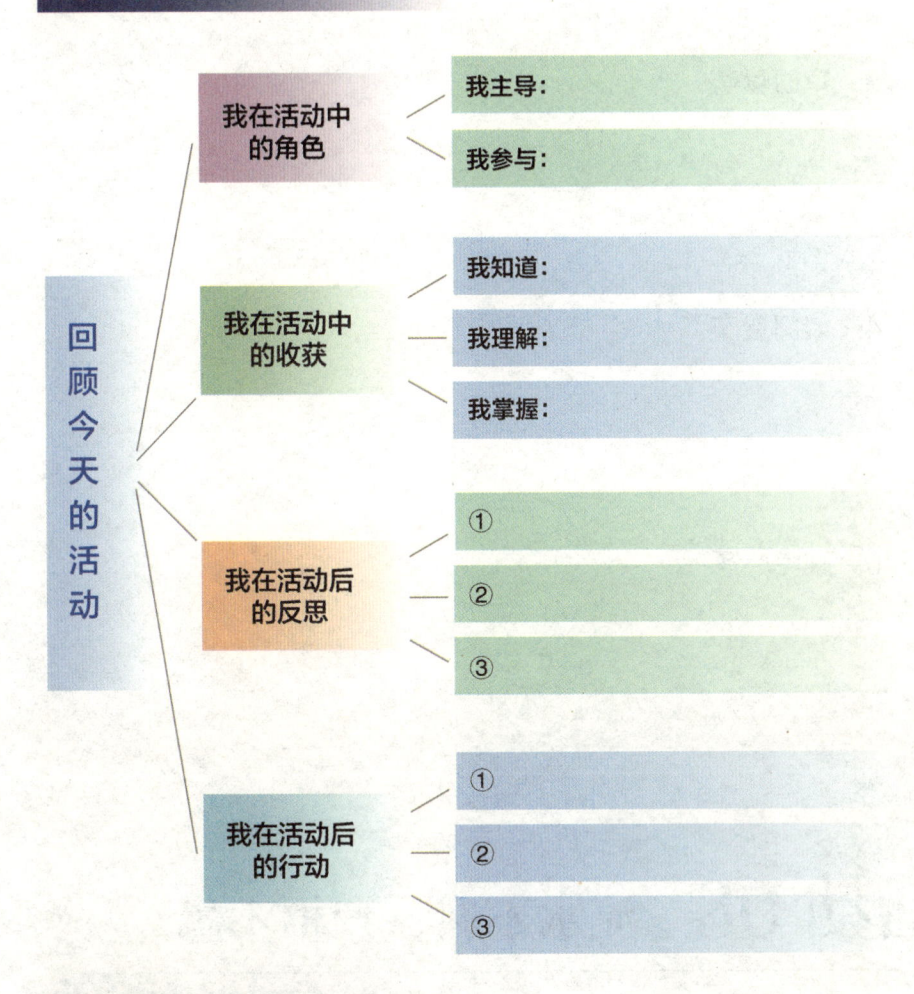

回顾今天的活动
- 我在活动中的角色
  - 我主导:
  - 我参与:
- 我在活动中的收获
  - 我知道:
  - 我理解:
  - 我掌握:
- 我在活动后的反思
  - ①
  - ②
  - ③
- 我在活动后的行动
  - ①
  - ②
  - ③

活动延伸

请同学们想想下列词语蕴含的意义,并写在横线处。

1. 谋事在人,成事在天

2. 揠苗助长

3. 审时度势

4. 闭门造车

5. 触类旁通

活动 08　流水不腐，户枢不蠹

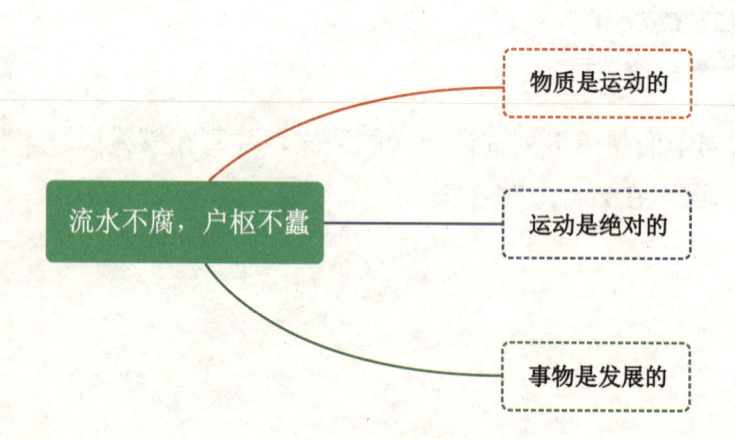

流水不腐，户枢不蠹
- 物质是运动的
- 运动是绝对的
- 事物是发展的

活动目标

1. 了解物质是运动的，运动是绝对的，事物是永恒发展的。
2. 感知和理解事物的发展过程。
3. 理解对立统一规律，了解事物为什么会发展。

活动探究

✻ 情境导入

请同学们仔细阅读下方图片及文字，并完成"学生思考"中的问题。

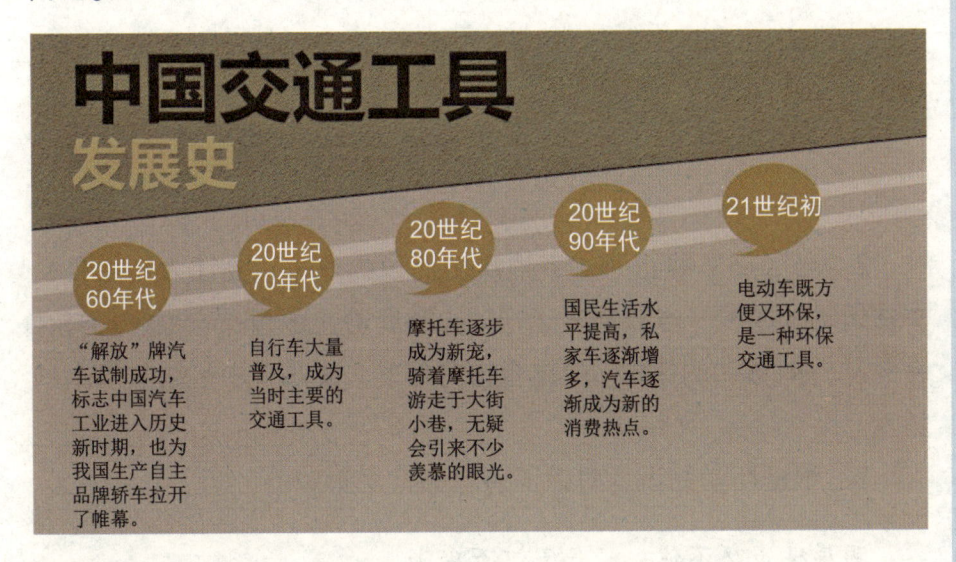

中国交通工具发展史

- **20世纪60年代**："解放"牌汽车试制成功，标志中国汽车工业进入历史新时期，也为我国生产自主品牌轿车拉开了帷幕。
- **20世纪70年代**：自行车大量普及，成为当时主要的交通工具。
- **20世纪80年代**：摩托车逐步成为新宠，骑着摩托车游走于大街小巷，无疑会引来不少羡慕的眼光。
- **20世纪90年代**：国民生活水平提高，私家车逐渐增多，汽车逐渐成为新的消费热点。
- **21世纪初**：电动车既方便又环保，是一种环保交通工具。

✻ 学生思考

1. 根据你对中国交通工具发展史的了解，说说它的变化。
2. 近几年，你家的出行方式有变化吗？

✻ 知识探究

1. 物质的根本属性是运动；物质世界的运动是绝对的，时间和空间是物质运动的存在形式。
2. 发展的实质是新事物的产生和旧事物的灭亡。

3. 事物发展的总趋势是前进的、上升的；事物发展的道路是迂回的、曲折的。

活动体验

思 请同学们思考下列问题。

1. 根据平时的生活经验，分小组讨论，举例说明事物是处于变化的，一成不变的事物是不存在的，并将例子写在卡片中。

2. 当公交车静止时，旁边疾驰而过的汽车，会让人产生公交车在运动的感受；当公交车运行时，路旁静止的植被，也让人有种在向反方向移动的错觉。请结合自身经验，谈谈事物运动与静止的关系。

3. 根据所学知识，对以下诗句进行思考。

两岸猿声啼不住，轻舟已过万重山。

你了解作者写下这首诗的背景及包含的哲学意义吗？请写在卡片中。

4. 卵、幼虫、蛹、茧、羽化、成虫，这是蝴蝶一生的变化过程，这样的蜕变过程说明自然界的生物都处于不断变化中。蜕变中的虫卵是痛苦的，但痛苦之后，化茧成蝶是令人羡慕的。你对这种蜕变有什么感悟？

动 全班齐唱《隐形的翅膀》。

悟 思考提升。

根据问候语的变化，请说出其背后的意义。

过去的表述	现在的表述
吃了吗？	瘦了吗？
嗨，你好！	在吗？出来吃火锅

通过问候语的变化，写出你的感受

自主能力发展

活动回顾

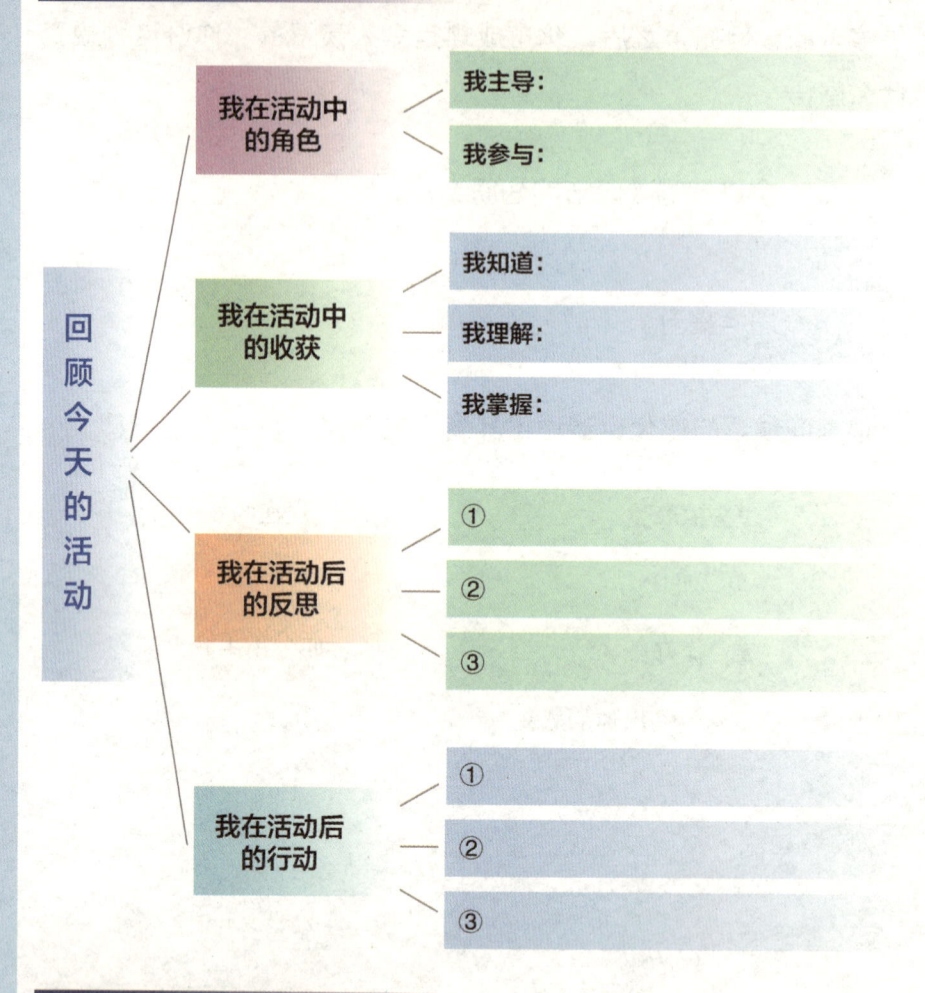

回顾今天的活动
- 我在活动中的角色
  - 我主导：
  - 我参与：
- 我在活动中的收获
  - 我知道：
  - 我理解：
  - 我掌握：
- 我在活动后的反思
  - ①
  - ②
  - ③
- 我在活动后的行动
  - ①
  - ②
  - ③

活动延伸

1. 希腊哲学家赫拉克利特说："人不能两次踏进同一条河流。"请同学们结合本课内容，谈谈你对这句话的理解并写在卡片中。

2. 请同学们阅读书籍《日和手帖006：人生有一百万种活法》（中信出版社）。

这本书收集了二十个生活样本，有北极圈附近小镇的渔民、日本禅僧、摄影师、厨师、手艺人、极限运动员等。以每个人"一天"为轴线，串联起不同的生活方式及活法。世界是多样性的，世界上有百万种活法，找到属于你自己的活法就行。

活动09　养成良好的习惯

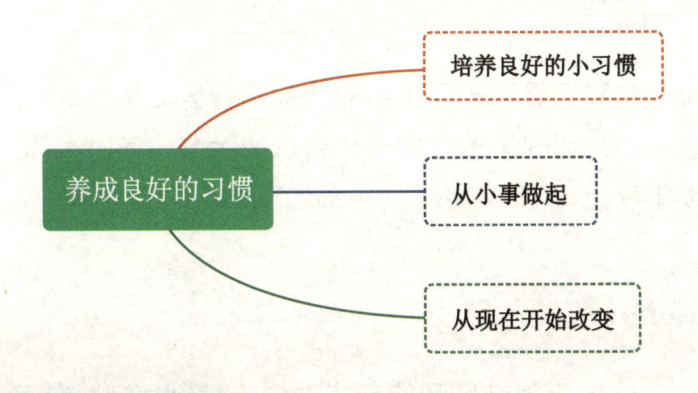

养成良好的习惯
- 培养良好的小习惯
- 从小事做起
- 从现在开始改变

活动目标

1. 确立学习与生活的目标，培养良好的习惯。
2. 明确从小事做起、从我做起的重要意义。
3. 每天实现一个小目标。

活动探究

❉ 情境导入

欧洲文艺复兴时期，达·芬奇因从小爱好绘画，拜名画家佛罗基奥为师。教师交给他的第一个任务就是画鸡蛋。他日复一日地画了十多天，开始表现得不耐烦。教师便告诉他，世界上没有两个一模一样的鸡蛋，即使是同一个鸡蛋，从不同的角度看，鸡蛋的形状也会不一样。所以，要把它在画纸上完美地表现出来，需看得准确、画得熟练，非得下番苦功不可。从此，他每天对着鸡蛋，一丝不苟地照着画。一年、两年、三年……，达·芬奇画鸡蛋的草纸，已经堆得很高，他的艺术水平很快超过了教师。达·芬奇用心学习素描，经过长时期勤奋艰苦的艺术实践，终成一名著名的画家。

学生思考

1. 你知道哪些关于好习惯的名人名言？
2. 如何培养一个良好的习惯呢？

知识探究

有时，当我们看到一件小事的苗头，就能知道它的实质和发展趋势。这种现象体现了事物部分与整体的关系，同时也体现了物质运动的规律性。

活动体验

动 请你用思维导图的方式为自己编制每日小任务，包括实施目标、实施过程、实施结果。

每日小任务	
实话目标	
实话过程	
实话结果	

思 根据编制的小任务，反思一下哪些小习惯能够对任务的完成起到帮助作用？哪些小习惯会对任务的完成起到阻碍作用？

想 假如你在等候面试的现场看到有纸屑或扫把倒了，你会怎么做？

活动 09

讲 小组派代表总结活动感悟。

活动回顾

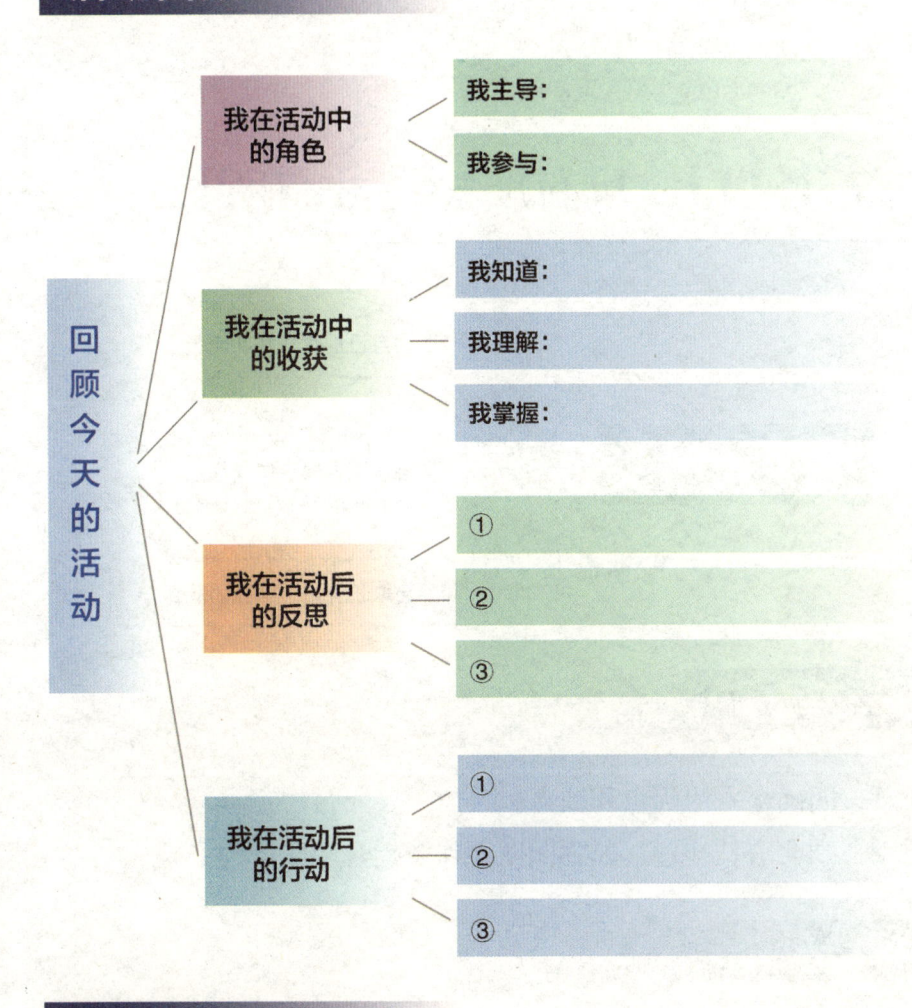

回顾今天的活动
- 我在活动中的角色
  - 我主导：
  - 我参与：
- 我在活动中的收获
  - 我知道：
  - 我理解：
  - 我掌握：
- 我在活动后的反思
  - ①
  - ②
  - ③
- 我在活动后的行动
  - ①
  - ②
  - ③

活动延伸

1. 思考：假如你跟你的父母互换角色，探讨学习问题，将会发生什么？请将自己的想法写在卡片中。

035

2. 请同学们阅读书籍《日事日清工作法高效员工的效率手册》（当代世界出版社）。

这本书针对工作中普遍面临的拖延症、无计划、低效率等问题，提供了7种工作方法、8个技巧。

活动 10　尺有所短，寸有所长

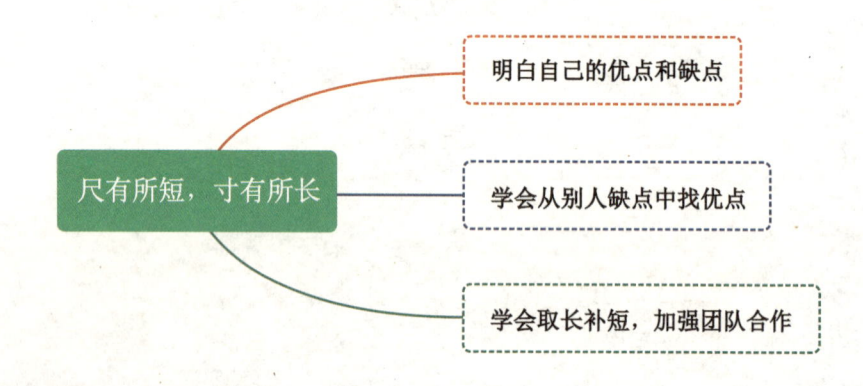

```
                        ┌─ 明白自己的优点和缺点
尺有所短，寸有所长 ──────┼─ 学会从别人缺点中找优点
                        └─ 学会取长补短，加强团队合作
```

活动目标

1. 明确个人的优点和缺点。
2. 学会取长补短，加强团队合作，提升团队能力。

活动探究

情境导入

电视剧《西游记》可谓家喻户晓，唐僧、孙悟空、猪八戒、沙悟净师徒四人西行取经，历经九九八十一难，取得真经。请同学们分享一下自己知道的情节。

学生思考

1. 历经九九八十一难的唐僧师徒四人为何能战胜种种磨难取得真经？

2. 在唐僧师徒四人中你最喜欢哪个角色？为什么？

❋ 知识探究

爱因斯坦说：只要全面考察一下我们的生活和工作，就会马上看见，几乎我们全部的行动和愿望都同别人的存在密切联系在一起。

企业管理中的"皮尔·卡丹定理"是指企业在用人时并不一定是"一加一不等于二"，搞不好等于"零"。该定理强调企业员工之间的合作关系，良好的合作能够增强企业效益，反之则会损害企业效益。

每个人都是社会中的一员，个人存在与发展都离不开他人与社会。要获得个人与社会的全面发展，就要坚持利己与利他的统一。

活动体验

◆ **做** 想想如何改正阻碍你完成每日小任务的坏习惯，并在班级中寻找榜样。

阻碍你的坏习惯	如何有针对性地改正
1.	1.
2.	2.
3.	3.
寻找榜样（写下名字）	值得学习的优点
	1.
	2.
	3.

◆ **论** 分小组讨论，根据自身的特点确定自己在团队中的角色。

自主能力发展

团队角色	作　用	个人定位	理　由
谋划者	定目标，出主意		
外交者	联络人员感情		
协调者	人员调用、配置		
鞭策者	鼓励他人，积极推动		
分析者	分析、科学决策		
凝聚者	凝聚人心、化解冲突		
执行者	任务分解、组织执行		
完善者	严格落实		

活动回顾

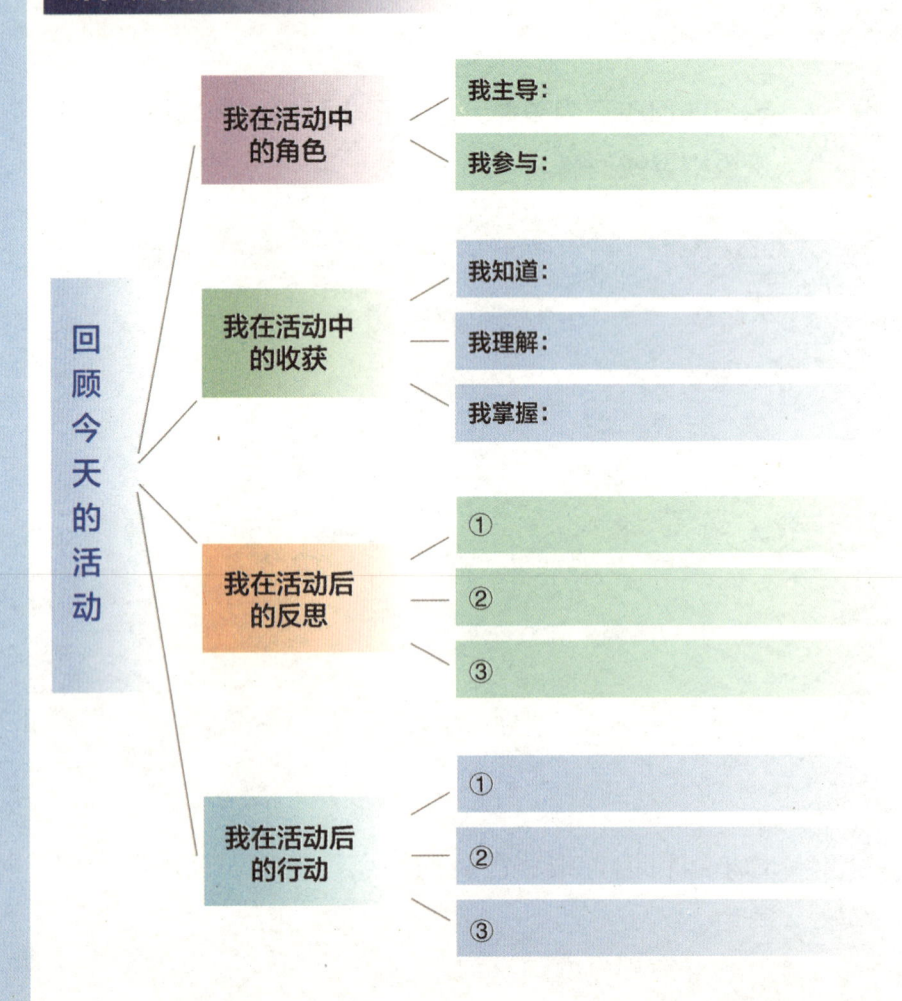

回顾今天的活动
- 我在活动中的角色
  - 我主导：
  - 我参与：
- 我在活动中的收获
  - 我知道：
  - 我理解：
  - 我掌握：
- 我在活动后的反思
  - ①
  - ②
  - ③
- 我在活动后的行动
  - ①
  - ②
  - ③

038

活动延伸

1. 请同学们以小组为单位，确定一项社会实践活动或集体活动，并写出活动实施计划。

2. 以小组为单位，按照计划完成活动，并谈谈活动后的感悟。

活动 11　青春之歌

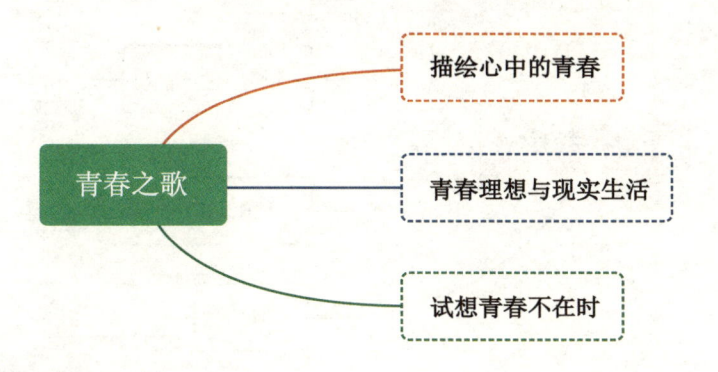

青春之歌
- 描绘心中的青春
- 青春理想与现实生活
- 试想青春不在时

活动目标

1. 了解青春的主要特点。
2. 学会在理想与现实发生冲突时处理问题、解决问题。
3. 理解未来幸福生活的基础来自青春时期的梦想。

活动探究

情境导入

"脑海之中有一个凤凰花开的路口,有我最珍惜的朋友。"请同学们聆听歌曲《凤凰花开的路口》。

学生思考

1. 请用词语或诗句描述你心中的青春。
2. 当理想与现实发生冲突时,你怎么选择?
3. 试想你到中年时会是怎样的生活状态?

知识探究

青春一词最早出现在《楚辞·大招》中:"青春受谢,白日昭只。"意为春天,草木茂盛,色泽青绿,一般指青年时期,也指少壮的年龄。国际社会对青春的年龄段有不同界定,如下图所示。

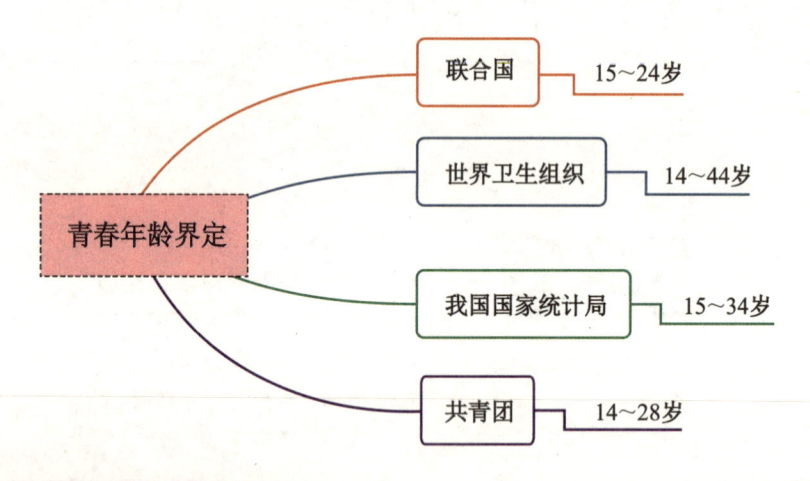

青春年龄界定
- 联合国 15~24岁
- 世界卫生组织 14~44岁
- 我国国家统计局 15~34岁
- 共青团 14~28岁

活动体验

比 请分析现实中的自己与理想中的自己。

比对的内容	你的答案
我的外形	现实中： 理想中：
我的工作	现实中： 理想中：
我的家庭	现实中： 理想中：
我的爱好	现实中： 理想中：

◆ 比　请分析自己的年龄特征，试着与三年前的自己、父辈、祖辈进行比较，将比对后的结果填入下表。

比对的内容	你的答案
与三年前的自己相比	
与父辈相比	
与祖辈相比	

◆ 写　以"心中的美好未来"为主题，在卡片上写上你对未来的憧憬。

自主能力发展

活动回顾

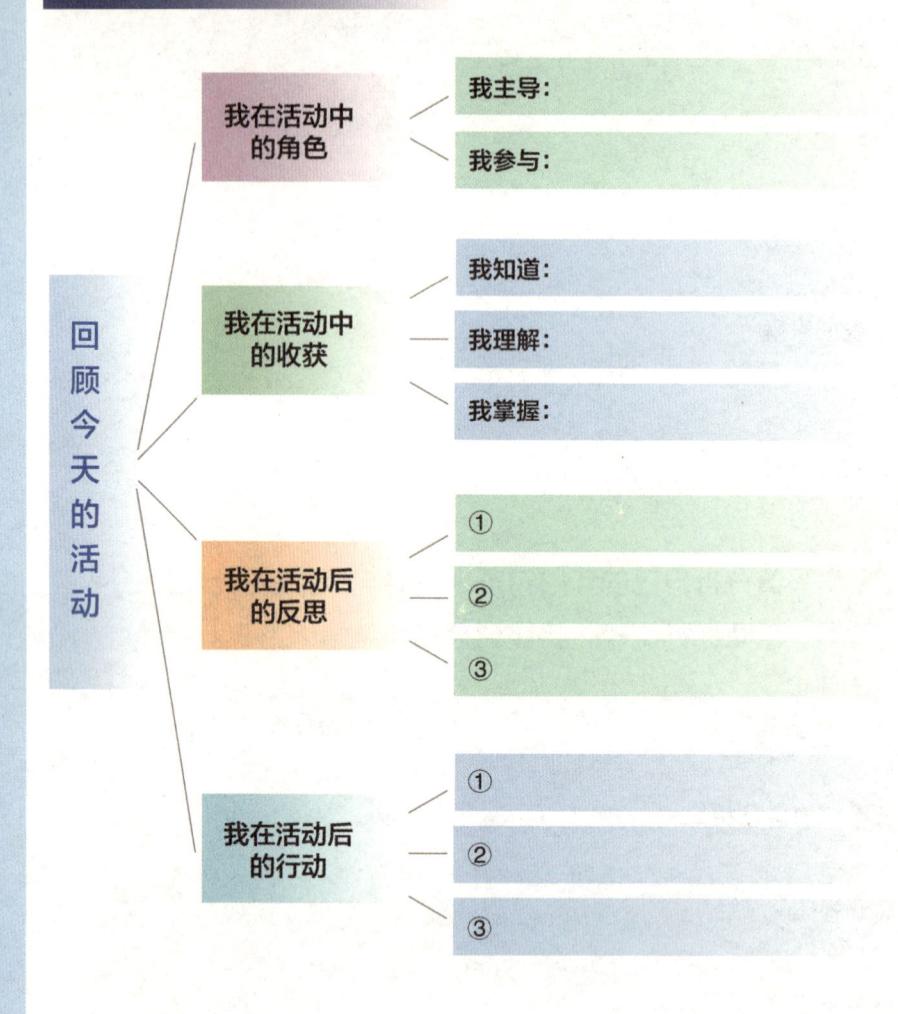

回顾今天的活动
- 我在活动中的角色
  - 我主导：
  - 我参与：
- 我在活动中的收获
  - 我知道：
  - 我理解：
  - 我掌握：
- 我在活动后的反思
  - ①
  - ②
  - ③
- 我在活动后的行动
  - ①
  - ②
  - ③

活动延伸

请同学们观看电影《歌舞青春》。

《歌舞青春》讲述了高中新生的追梦故事。两个有着各自见解的高中生，在不断的思想碰撞中，点燃了各自内心的梦想火花。然而，追梦并没有想象中顺利，追梦途中状况百出，二人面临各种抉择。

活动 12 为青春而奋斗

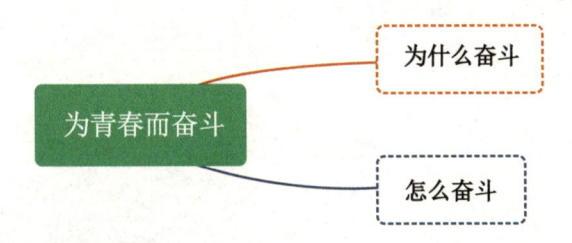

为青春而奋斗 —— 为什么奋斗
　　　　　　 —— 怎么奋斗

活动目标

1. 明确奋斗的目标。
2. 掌握奋斗的方法。

活动探究

情境导入

请同学们观看央视节目《面对面》之《杜富国：生活的战场》，并讨论视频中"永远前进"四个字的意义。

学生思考

1. 你知道杜富国的故事吗？
2. 从杜富国身上，你学到了什么？

知识探究

青年有着大好机遇，关键是要迈稳步子、夯实根基、久久为功。心浮气躁，朝三暮四，学一门丢一门，干一行弃一行，无论为学还是创业，都是最忌讳的。

——2014年5月4日，习近平总书记在北京大学师生座谈会上的讲话

自主能力发展

活动体验

◆ 做　结合"心中的美好未来"活动，请分别为10年、20年后的你设计专属的名片。

10年后你的名片：

20年后你的名片：

◆ 谈　根据马斯洛需求层次理论，谈谈在你的梦想里包含了哪几类需求？

◆ 行　怎么实现梦想？请通过下列古文提炼关键词。

活动 12

人若志趣不远，心不在焉，虽学不成。	关键词：
弃而舍之，朽木不折；锲而不舍，金石可镂。	关键词：
道也者，不可须臾离也，可离，非道也。是故君子戒慎乎其所不睹，恐惧乎其所不闻。莫见乎隐，莫显乎微。故君子慎其独也。	关键词：

写 请以"将来的你"的名义，为现在奋斗的自己写封感谢信吧！

活动回顾

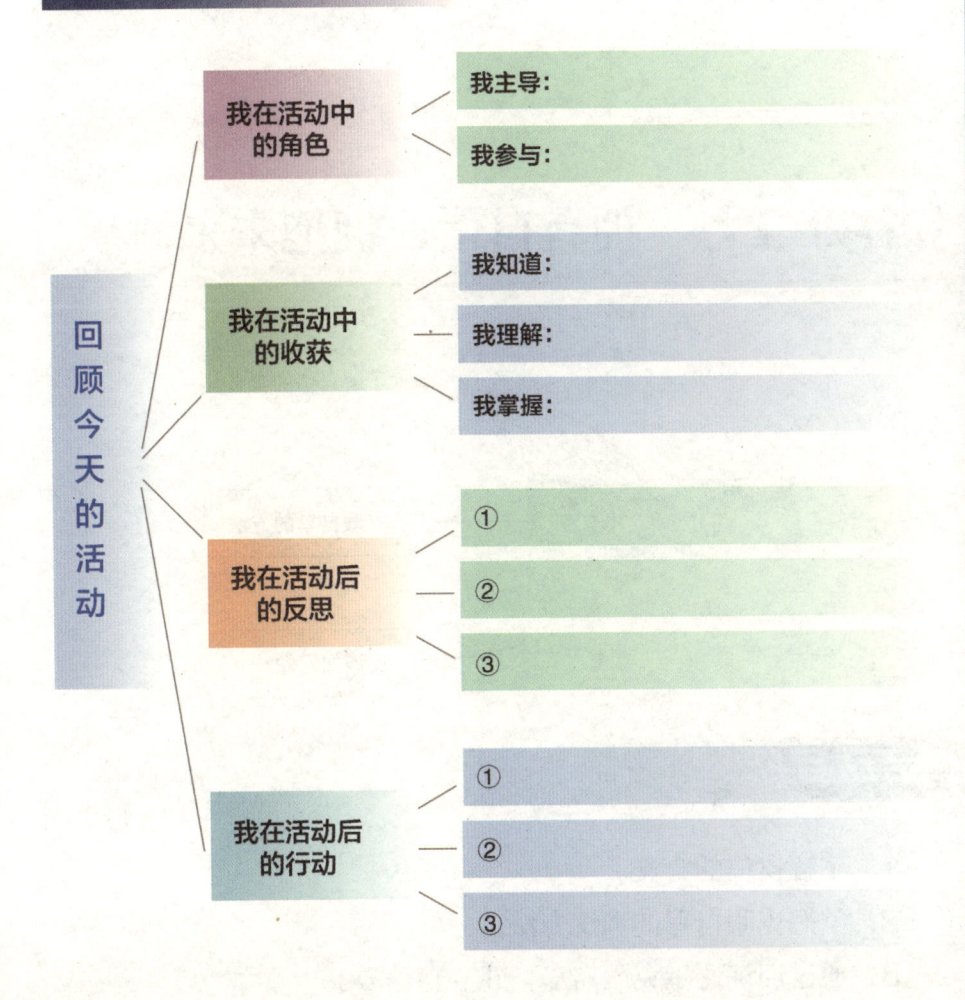

回顾今天的活动
- 我在活动中的角色
  - 我主导：
  - 我参与：
- 我在活动中的收获
  - 我知道：
  - 我理解：
  - 我掌握：
- 我在活动后的反思
  - ①
  - ②
  - ③
- 我在活动后的行动
  - ①
  - ②
  - ③

045

自主能力发展

活动延伸

请同学们欣赏歌曲《走向远方》，并把对歌曲的理解与感受写在卡片中。

活动 13　拥有自信，拥抱未来

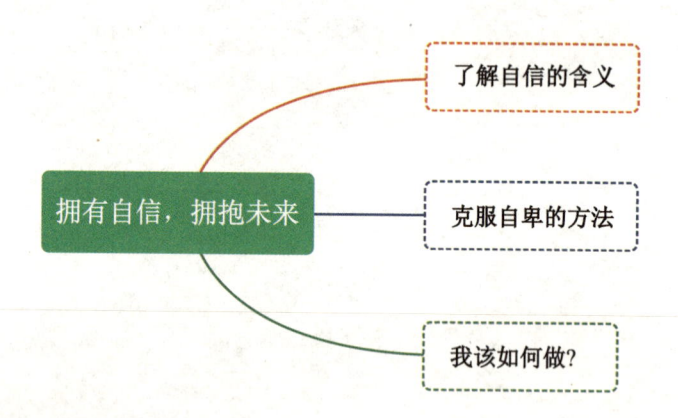

拥有自信，拥抱未来
- 了解自信的含义
- 克服自卑的方法
- 我该如何做？

活动目标

1. 了解自信的含义。
2. 掌握克服自卑的训练方法。
3. 通过训练逐步克服自卑，建立自信心。

046

活动探究

情境导入

19世纪末的一天，一个游戏场内正在进行着一场演出，可是台上的演员刚唱两句就唱不出来了，台下乱得一塌糊涂。

许多观众一哄而起，嚷嚷着要退票。剧场老板一看势头不好，只好找人救场，谁知找了一圈也找不到合适的人。这时，一个5岁小男孩站了出来。

"老板，让我试试，行吗？"小男孩说。

老板看着小男孩自信的眼神，便同意让他试一试。结果，他在台上又唱又跳，把观众逗得特别高兴。歌唱了一半，好多观众便向台上扔硬币。小男孩唱得更起劲了。在观众的欢呼声中，他唱了好几首歌。

又过了几年，一个著名的丑角明星马塞林来到一个儿童剧团和大家同台演出。当时，马塞林的节目中需要一个演员演一只猫，由于马塞林的名气太大，许多优秀的演员都不敢表演这个角色。还是那个小男孩，他又自告奋勇地站了出来。大家都为他捏了一把汗，谁知他和马塞林配合得非常默契。

很可能你已经想到，这个小男孩就是后来名扬世界的幽默艺术大师——查理·卓别林！

学生思考

1. 试着分析一下你缺乏自信心的原因是什么。
2. 面对问题时，你有查理·卓别林这样的自信心吗？

知识探究

自信，是一个人对自己所做各种准备的感性评估，能帮助一个人获得成功。相信自己"我能行"，是一种信念。自信是人对自身力量的一种确信，深信自己一定能做成某件事，实现所追求的目标。

广义地讲，自信是一种在自我评价中的积极态度。

狭义地讲，自信是一种发自内心的自我肯定与相信，自信与积极密切相关。没有自信的积极，是软弱的、不彻底的、低能的、低效的。只有自己相信自己，他人才会相信你。自信是深信自己一定能做成某件事，通过自身努力，一定能实现目标。自信无论在人际交往、事业上，还是在工作上都非常重要。把许多"我能行"的经历归结起来就是自信。

1. 测试体验（本测试体验来自知乎）。

你有自卑情绪吗？请根据自己的情况，回答下列问题：

（1）你的身高与你的朋友们相比怎么样？

　　A. 矮
　　B. 差不多
　　C. 较高

（2）每天起床看到镜子里的你，你会怎么想？

　　A. 再漂亮一点就好了
　　B. 想精心打扮一下
　　C. 别无他想，毫不在意

（3）如果你重新选择一次生命的话，你会选择哪一种？

　　A. 做男人好
　　B. 做女人好
　　C. 什么都行，做男人、做女人都好

（4）你是否想过很多年后会有什么事使自己极为担心？

　　A. 多次想过
　　B. 不曾想过
　　C. 偶尔想过

（5）你是否很受身边的人喜爱？

　　A. 常有的事
　　B. 没有过
　　C. 偶尔

（6）你被其他人起过外号、讽刺过吗？

　　A. 常有
　　B. 没有过

C. 偶尔有

（7）教师把期中考试的卷子发下来了，你的同学争着要看你的试卷，你会怎么样？

　　A. 把分数折起来让他们看不见

　　B. 让他们随便看

　　C. 将考卷藏起来，就是不让他们看

（8）在一些竞争性的场合，你是否有"反正我不行"的思想？

　　A. 常有

　　B. 没有

　　C. 偶尔有

（9）你有过在做一件事时绝不能比别人差的想法吗？

　　A. 有一两次

　　B. 从来没有过

　　C. 在某些时候

（10）如果你喜欢的一位女孩与其他异性更亲近，你会怎么办？

　　A. 很失望，以后尽量避开她

　　B. 跟那位同性公开或暗地里展开竞争

　　C. 毫不在意，一如往常

（11）当你寂寞的时候，你会选择哪种方式？

　　A. 陷入深深的烦恼之中

　　B. 吃喝玩乐时就忘却了

　　C. 向朋友或父母诉说

（12）当别人骂你的时候，你会怎么办？

　　A. 我很愤怒

　　B. 心中感到不好受而流泪

　　C. 不在乎

（13）如果碰巧听到有人说你要好的朋友的坏消息，你会怎么办？

　　A. 当场和他理论，"那是不可能的事！"

　　B. 担心朋友

　　C. 不管闲事，认为别人是别人，我是我

自主能力发展

（14）如果不管你怎样努力学习，你的功课都输给你的同桌，你会怎么办？

  A. 继续挑战，今后更加努力学习
  B. 感到不行，只好认输
  C. 从其他学科上竞争取胜

记分方法：

题号	(1)	(2)	(3)	(4)	(5)	(6)	(7)	(8)	(9)	(10)	(11)	(12)	(13)	(14)
A	5	5	5	5	1	5	1	5	1	5	5	3	1	3
B	3	3	1	1	5	1	3	1	5	1	3	5	5	5
C	1	1	3	3	3	3	5	3	3	1	3	1	3	1

结果分析：

14～29 分：你没有自卑情绪。你是一个乐天派，对自己充满信心，对自己的未来充满了无限的憧憬，从来不知道自卑是什么。

30～44 分：你有时候会出现自卑的情绪。但那都是你的期望值过高造成的。你总是不满足于现状，过高的追求会使你的情绪有些失控，你总想和身边的人比个高低。遭到挫折后，又会陷入自卑的情绪当中。

45～60 分：你有些自卑情绪。当你做事情的时候，总是过早下结论，认为自己不如别人。有的时候你根本不了解周围环境的真实情况，当你了解到真实情况时，你就会觉得"原来如此，我并没有那么美"。

61～70 分：你有严重的自卑情绪。你总是用消极悲观的眼光看待事物，总是看到对自己不利的方面，事前自认为不行，最后选择放弃。你的性格有些软弱，这也是造成你有自卑情绪的主要原因。

2. 克服自卑训练法。

训 练 方 法	
行走时抬头、挺胸；步子迈得有弹性	我有精力，有信心，有能力
	比平时走路快25%
抬起双眼，目视前方，眼神要正视别人	我们平等，我能赢得你的尊重
	你说的我懂
当众发言	自我封闭式对自信心的挑战
	我不惧怕；我有独特的见解
众人面前显显眼	我不怕引人注目；我有信心，我一定能行；当步入会场时，有意从前排穿过，当步入会场时昂首挺胸，并选择前排的座位坐下
	自我封闭是对自信心的挑战

活动体验

写

1. 测试自己在自信方面有哪些不足。

2. 根据上述自测结果，写出增强自信心的行动计划。

自主能力发展

◆ 说　学生分组展示。

学生上台朗读自己写的《增强自信心的行动计划》。

◆ 练　学生分组在教室里演练。

根据"克服自卑训练法",学生分组进行轮流演练。

活动回顾

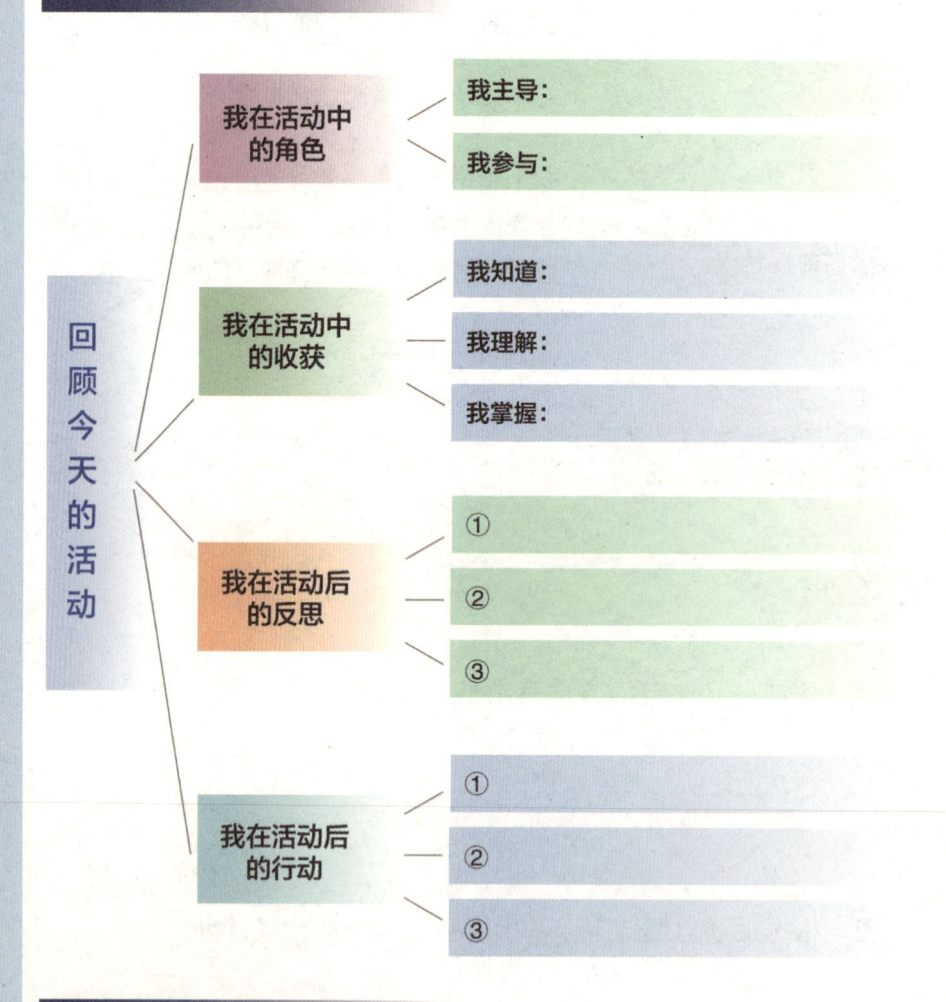

回顾今天的活动
- 我在活动中的角色
  - 我主导：
  - 我参与：
- 我在活动中的收获
  - 我知道：
  - 我理解：
  - 我掌握：
- 我在活动后的反思
  - ①
  - ②
  - ③
- 我在活动后的行动
  - ①
  - ②
  - ③

活动延伸

请同学们以"拥有自信,拥抱未来"为主题做一份手抄报。

活动 14　自信的翅膀

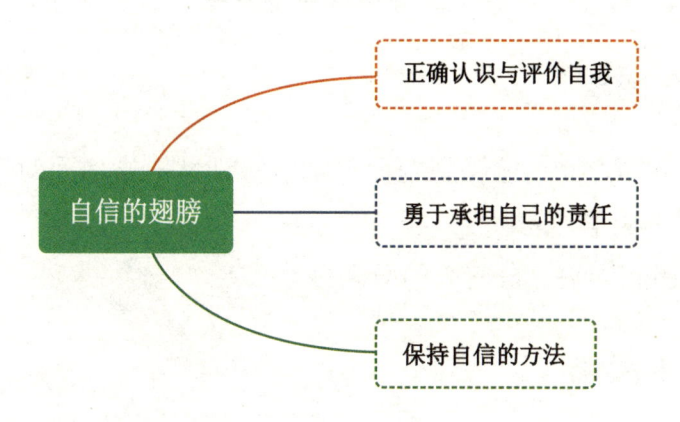

```
                    ┌─ 正确认识与评价自我
自信的翅膀 ─────────┼─ 勇于承担自己的责任
                    └─ 保持自信的方法
```

活动目标

1. 能正确认识与评价自己，了解自身的不足。
2. 勇于承担责任，培养一定的独立思考能力。
3. 掌握保持自信的方法，培养自信心。

活动探究

❖ 情境导入

小林是某职业院校数控加工专业的一名学生。在一次学校针对全国职业院校技能竞赛的集训队员选拔赛上，他按照专家组委会提供的技术要求文件制作工件，敏锐地发现了一个零件的某个尺寸公差标注出现了错误。起初，他以为是自己看错图纸了，就停下来重新研究，但还是感到不对。他认为是图纸本身有问题。这时，在场的专家们始终坚持图纸是绝对没有问题的，是他错了。面对专业教师和权威人士的质疑，他思考再三，最后坚定地大声说："不！一定是图纸错了！"话音刚落，在场的教师与专家们立即站起来，报以热烈的掌声，祝贺他加入集训队伍。

原来，这是选拔赛教师们精心设计的"圈套"，以此来检验参赛者能否及时发现漏洞并遭到权威人士"否定"时，能否坚持自己的正确主张。前几位参赛者虽然也发现了错误，但终因附和权威意见，按照错误图纸制作不符合规格的工件而遭淘汰。小林却因充满自信且踏实细致的态度，终于获得集训队的入场券。

学生思考

1. 小林为什么能够脱颖而出加入集训队？当你面对质疑时你有小林这样的自信心吗？
2. 引起你缺乏自信心的原因是什么？

知识探究

自信能帮助一个人获得成功。相信自己行，是一种信念。自信是发自内心的自我肯定与相信。

自信不能停留在想象上。要成为自信者，就要像自信者一样去行动。只要我们在生活中自信地讲话、自信地做事，我们的自信就能真正确立起来。

一个人要能保持自信，就要保持心情愉悦；要为自己确立目标；做事要有计划；做事不拖延；做事不要轻易放弃；发挥自己的长处。

增强自信心有如下11个法则。

1. 首先对自己抱有希望。
2. 表现得自信十足，这会使你勇敢一些。
3. 别人既然能做到，你也能。
4. 你若保持自信，便可战胜当时正扯你下坠的那股力量，跳到洼谷之外。
5. 夜晚比白天更容易使你感到挫败和气馁，所以不要在夜晚太过思虑。
6. 只有想不到的事情，没有干不成的事情。
7. 你所拥有的自信，远比你想象得多。
8. 克服局促不安与羞怯的最佳方法，是为别人着想。

9. 只有一个人能治疗你的羞涩不安，那便是你自己。
10. 只要下定决心，就能克服任何恐惧。
11. 害怕时，把心思放在必须做的事情上。

活动体验

◆ 赏　请同学们欣赏歌曲《隐形的翅膀》，并用一个词组表达自己的体会。

◆ 写　请写出激励你自信的句子、词语或名人名言。

◆ 说　请从网上搜索关于自信的名人事例，然后每组派一位代表上台演讲。

自主能力发展

活动回顾

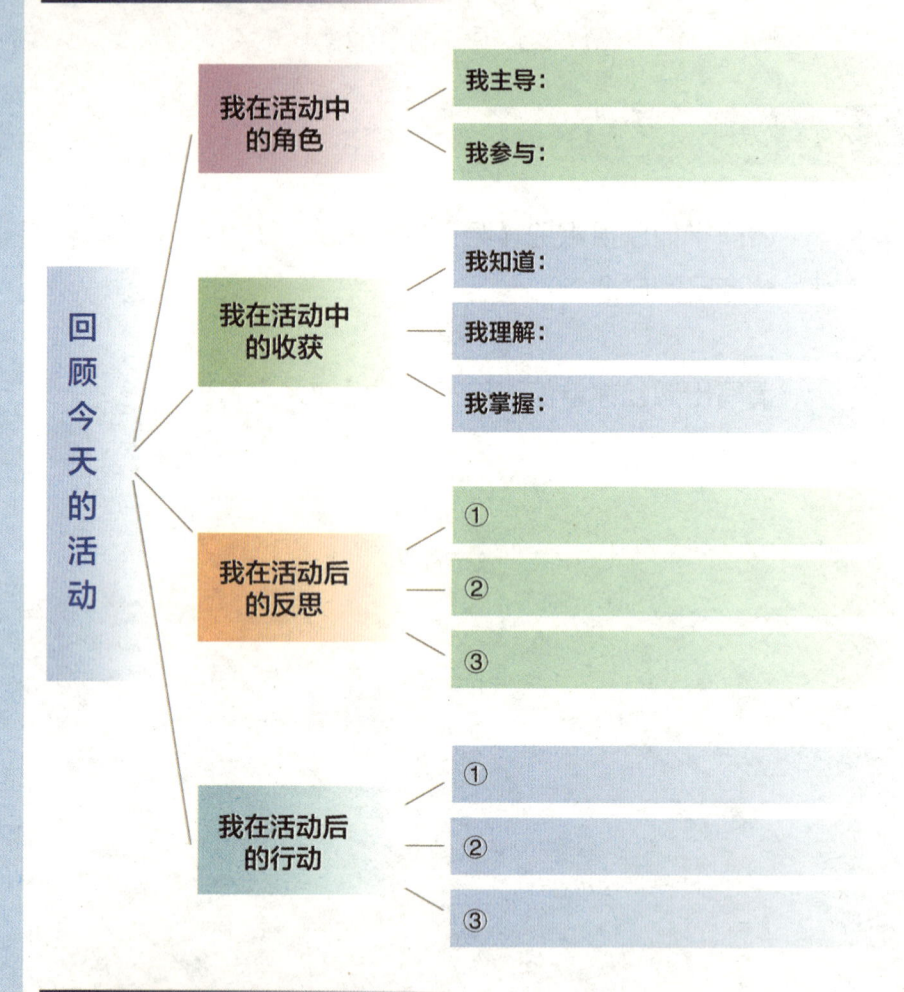

回顾今天的活动
- 我在活动中的角色
  - 我主导：
  - 我参与：
- 我在活动中的收获
  - 我知道：
  - 我理解：
  - 我掌握：
- 我在活动后的反思
  - ①
  - ②
  - ③
- 我在活动后的行动
  - ①
  - ②
  - ③

活动延伸

1. 请同学们观看电影《阿甘正传》。

《阿甘正传》这部影片由罗伯特·泽米吉斯执导，由汤姆·汉克斯、罗宾·怀特等人主演，于1994年7月6日在美国上映。电影改编自美国作家温斯顿·格卢姆于1986年出版的同名小说，描绘了先天智力缺陷的小镇男孩福瑞斯特·甘自强不息，最终"傻人有傻福"地得到上天眷顾，在多个领域创造奇迹的励志故事。

2. 诵读梁晓声的《种子的力量》，谈谈自己的感悟。

活动 15　环保节能，从我开始

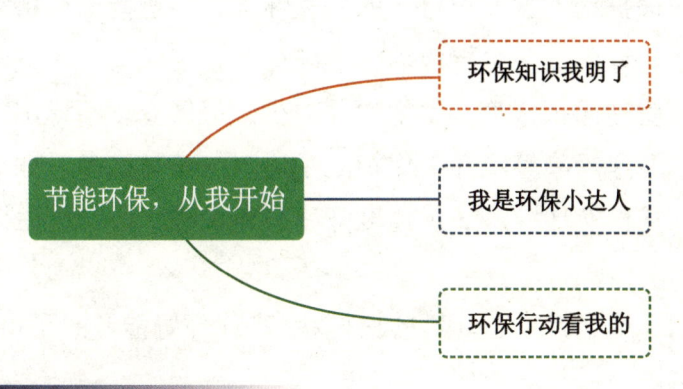

```
节能环保，从我开始 ── 环保知识我明了
                  ── 我是环保小达人
                  ── 环保行动看我的
```

活动目标

1. 了解环保知识及其重要意义。
2. 增强学生的环保意识与公民意识。
3. 践行环保节能行动，从小事做起，为改善生态环境做贡献。

活动探究

情境导入

随着水污染事件日益频发，环保问题越来越受到大众关注。某大学艺术学院有三位大学生时刻关注着水污染问题，他们通过艺术表现形式，从该地被污染的湖泊、河流和海港中收集污水样本制成"美丽"冰棍，然后包上一层聚酯树脂，同时还为这些特殊的冰棍设计了包装，通过展览的形式警醒世人重视水污染问题。初见这些特殊的冰棍时你会觉得晶莹剔透，但细细观察便为其背后严重的水污染问题而感到震惊。

学生思考

1. 用污水制作"美丽"冰棍是否令你沉思？

057

自主能力发展

2. 面对日益严重的水污染问题，你应该怎么做？

✹ 知识探究

习近平总书记曾说过："绿水青山就是金山银山。"

环境保护是人类守护自己的生存环境，促进能源可持续发展的一种行动。环境破坏主要包括土壤破坏、化工污染、大气污染、水源污染、植被面积减少、生物物种减少、气候变化不稳定、能源消耗过度、海洋污染等。环境保护的手段与方法有许多，如节约自然能源，保护自然环境，防止过度开发与建设破坏，防止生活与生产污染等。

我们必须保持生态环境的良好状态，保障好能源的可持续发展，才能普惠民生福祉。

活动体验

◆ 连　请以连线的方式为下面的环保节日找到正确日期。

世界地球日	3月12日
世界环境日	3月22日
中国植树节	4月22日
世界水日	5月31日
世界无烟日	6月5日

◆ 比　请完成下面的环保节能调查问卷，看看你是不是环保节能小达人吧！

环保节能行为调查问卷	
节约用水（是否做到随手关水、一水多用、废水再用等）	是□ 否□
节约用电（是否做到离开关灯、少用大功率电器等）	是□ 否□
绿色出行（是否优先选择公交、地铁、步行）	是□ 否□
垃圾分类（是否将垃圾进行有害、干湿、可回收分类处理）	是□ 否□
拒绝使用一次性用品，利用好可回收物品	是□ 否□
节约森林资源，减少一次性筷子的使用	是□ 否□

通过对比问卷，说说环保方面你还有哪些需要提升的。

找 请为以下垃圾进行正确分类，在括号内填入对应的编号。

废旧电池（ ） 果壳瓜皮（ ） 医疗废品（ ） 脏湿纸巾（ ） 快递纸箱（ ）

矿泉水瓶（ ） 废弃衣服（ ） 碎玻璃片（ ） 菜根菜叶（ ） 剩菜剩饭（ ）

荧光灯管（ ） 过期药品（ ） 砖瓦陶瓷（ ） 塑料牙刷（ ） 期刊报纸（ ）

有害垃圾 ① 　可回收物 ② 　易腐垃圾 ③ 　其他垃圾 ④

1. **有害垃圾**是指对人体健康或者自然环境造成直接或者潜在危害的零星废弃物，单位集中产生的除外。包括废电池、废灯管、废药品、废油漆桶等。

2. **可回收物**是指适宜回收和可循环再利用的废弃物。包括废玻璃、废金属、废塑料、废纸张、废织物等。

3. **易腐垃圾**是指易腐的生物质废弃物。包括剩菜剩饭、瓜皮果核、花卉绿植、肉类碎骨、过期食品、餐厨垃圾等。

059

自主能力发展

4. **其他垃圾**是指除有害垃圾、可回收物、厨余（餐厨）垃圾以外的其他生活废弃物。

（来源：垃圾分类指南小程序）

想 请在下方空白处写出你所知道的、力所能及的环保节能小妙招。

活动回顾

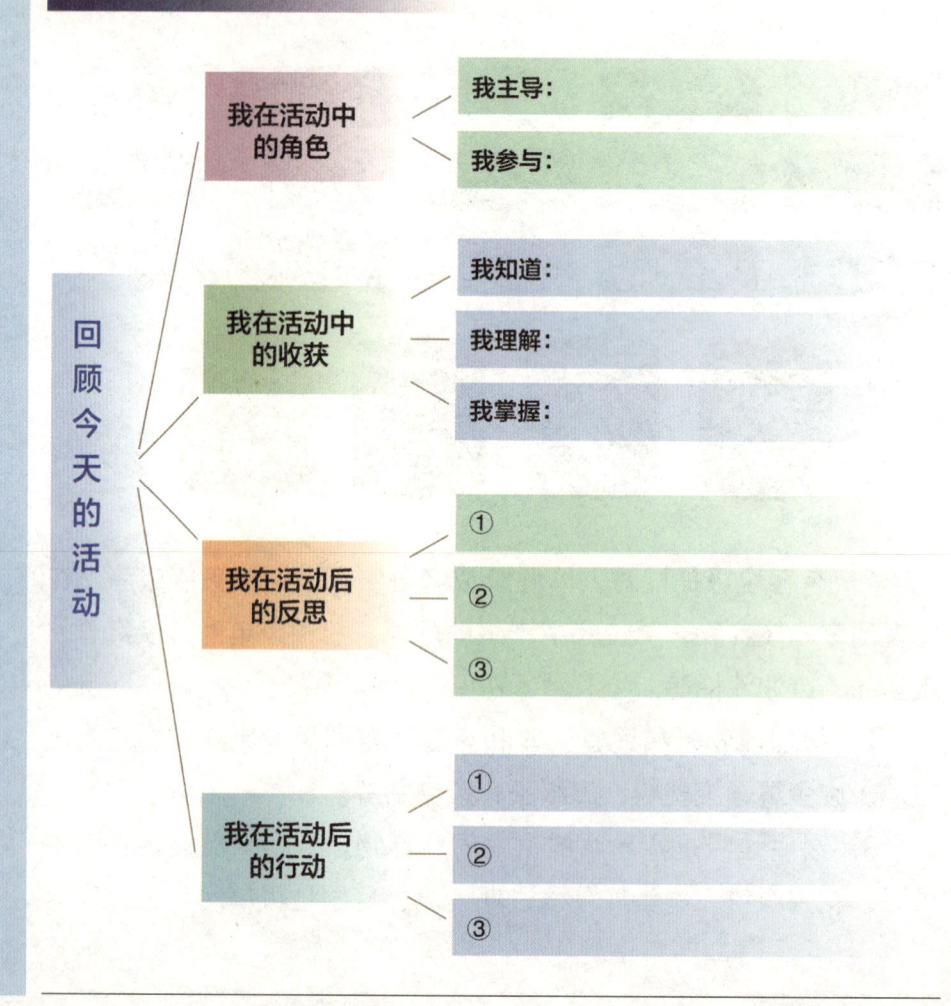

回顾今天的活动
- 我在活动中的角色
  - 我主导：
  - 我参与：
- 我在活动中的收获
  - 我知道：
  - 我理解：
  - 我掌握：
- 我在活动后的反思
  - ①
  - ②
  - ③
- 我在活动后的行动
  - ①
  - ②
  - ③

活动延伸

1. 参加活动，养行为习惯。

"地球一小时"的活动旨在倡导民众、政府、单位等社会各界在每年3月最后一个周六晚上8点半到9点半，关掉不必要的电灯及耗电产品，以此表达关注对气候变化的态度。2009年，中国正式引入地球一小时活动，想要努力将改活动打造成一个全民参与凝聚环保力量的绿色节日，让每个人都能通过平台来表达环保热情和行动期望。让我们一起加入地球一小时，与世界自然基金会一起，释放自己的绿色能量，为改善国内环境和扭转全球气候变化奉献出自己的力量！

2. 观看电影，谈感想感悟。

请同学们观看电影《北极故事》。

电影《北极故事》讲述了一个发生在寒冷北极的生命奇迹的故事。在全新环境的挑战下，小北极熊 Nanu 跟随着妈妈，学习生存技能。然而日益严峻的生态环境，给北极的动物们带来了巨大的生存威胁。

活动 16　爱护公物，创造美好

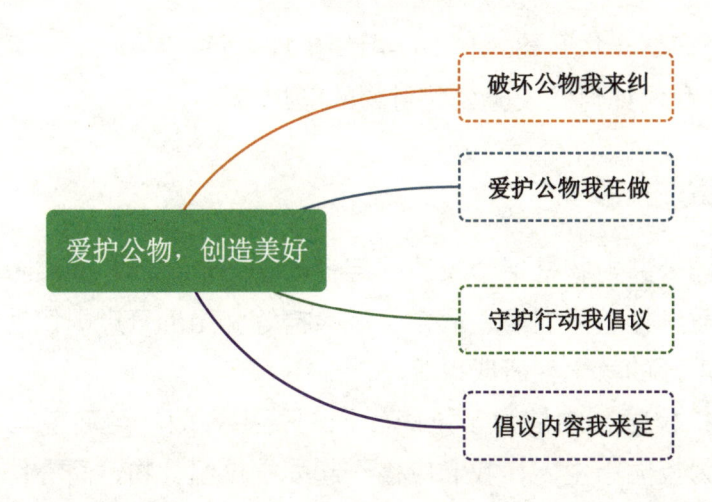

爱护公物，创造美好
- 破坏公物我来纠
- 爱护公物我在做
- 守护行动我倡议
- 倡议内容我来定

活动目标

1. 了解校园公共财物知识。
2. 学会爱护校园公共财物，懂得阻止破坏行为，争做校园文明人。
3. 从身边做起，关注校园动态，齐心协力共建美好校园。

活动探究

情境导入

在我国不断发展的背后有着一群人默默为国家发展守候着。徐家三代护鹤人就是其中一分子。2017 年 9 月 22 日，中央电视台播出的喜迎十九大特别节目《还看今朝（黑龙江篇）》。该节目讲述了在黑龙江扎龙国家级自然保护区徐家三代护鹤人的感人故事，片名为《黑龙江：代代接力护生态》。为了这里的丹顶鹤，徐家三代选择远离城市繁华生活，在自然保护区与一群丹顶鹤相知相守。第一代护鹤人在这里奉献了一生，第二代护鹤人在这里奉献了生命，第三代护鹤人仍毅然留在这一片热忱的土地上，执着地守候着梦想……因为有着这样一群默默奉献的护鹤人，丹顶鹤感受到了温暖和安心，扎龙保护区成为人鸟不舍的温暖家园，丹顶鹤可以自由翱翔在扎龙的天地。

学生思考

1. 你从三代守鹤人身上学习到了什么？
2. 我们如何做校园公共财物的守护者？

知识探究

校园公共财物是指学校的固定资产和无形资产，固定资产包括我们的教学楼、实训室、宿舍、课桌椅等，无形资产则包括学校的名誉、教师的教学教研成果等。

爱护校园公物是为了给同学们创造更好的学习环境与生活环境，作为校园小主人，我们应该一起爱护校园公物，同心协力共创美好校园。首先，我们应该树立校园主人翁意识，切实爱护好公共财物，如宿舍热水器、床铺、水龙头、书桌、衣柜等设备设施，保障校园物资设备的正常运作。其次，校园公物保护行动需要人人参与，保护行为应学习，破坏行为当制止，让我们一起相互监督、相互提醒、相互制约，共同维护校园美好环境。

活动体验

◆ **写** 破坏公物我来纠：请做一天校园小卫士，将成功劝导破坏行为事件填入表格。

时间	地点	事件

◆ **做** 爱护公物我在做：请在表格内记录你为维护校园公物付诸实际的行动。

时间	地点	事件

◆ **导** 守护行动我倡议：请为爱护校园公共财物写一份倡议书。

◆ **说** 倡议内容我来定：同学们将撰写的倡议书进行朗读，通过投票形式选出最佳倡议书，张贴在班级布告栏。

自主能力发展

活动回顾

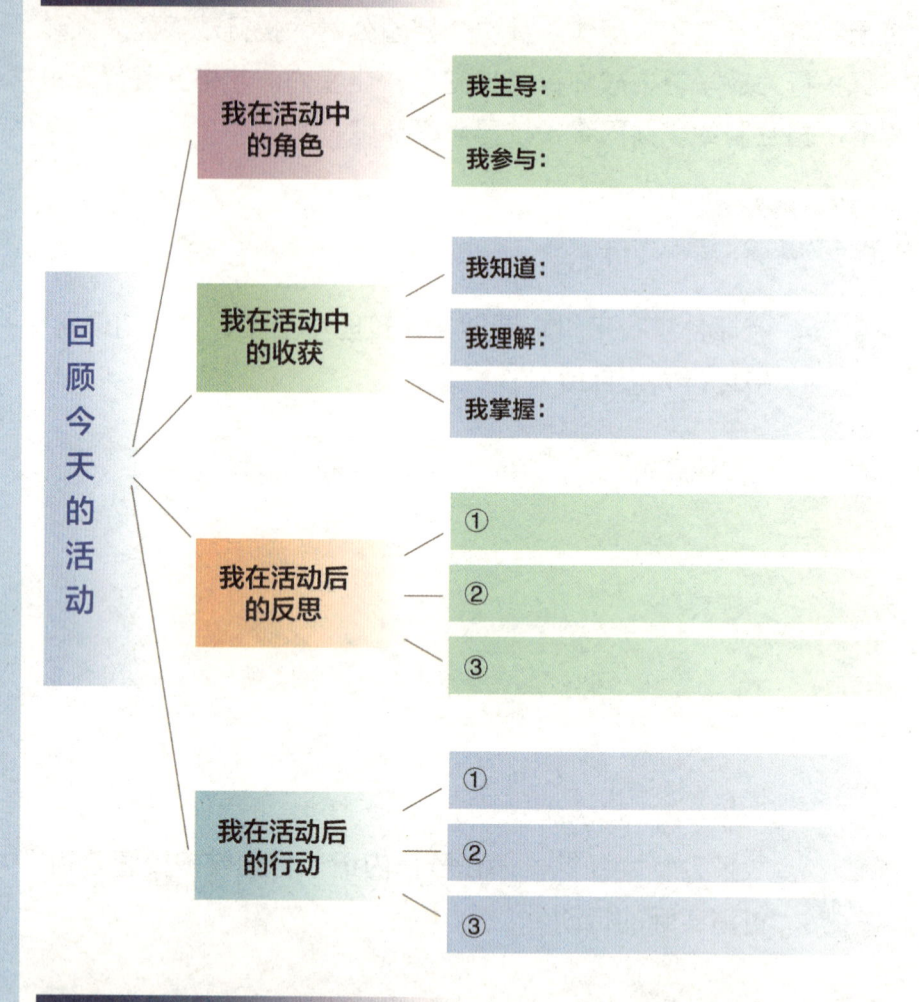

回顾今天的活动
- 我在活动中的角色
  - 我主导：
  - 我参与：
- 我在活动中的收获
  - 我知道：
  - 我理解：
  - 我掌握：
- 我在活动后的反思
  - ①
  - ②
  - ③
- 我在活动后的行动
  - ①
  - ②
  - ③

活动延伸

1. 参加活动，养行为习惯。

水龙头前，一位看似拾荒者的老人正在认真地清洗饱经风霜的双手。随后便在图书馆的一角安静地看起书。多年前，一组杭州图书馆向流浪汉开放阅读的照片在互联网上走红。这位看着像拾荒者的老人，每次进入图书馆前都要洗手，这一细节令不少网友动容。

看到这一幕，回想一下我们使用公物时的样子，是不是感慨良多？除了校园内的财物，我们也应该珍惜校园外的公物。不管我们身处何地，请以爱护公物为荣，以破坏公物为耻，美好家园需要你我共同维护！

064

2. 观看视频，谈感想感悟。

请同学们观看视频《朗读者》第二季之徐卓《白色大鸟的故乡》。

活动 17　共建班级，共同进步

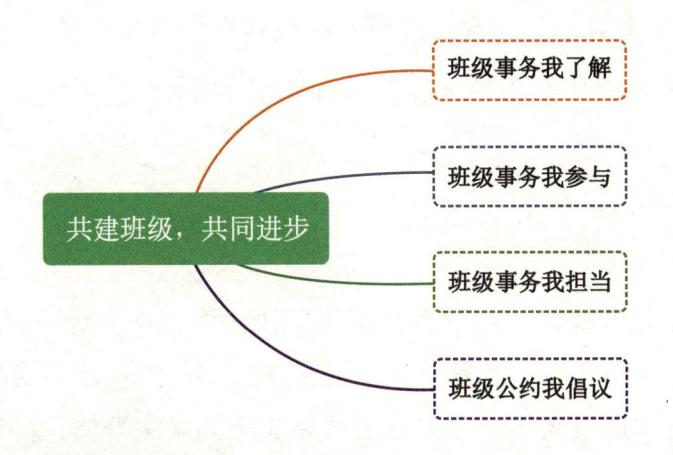

共建班级，共同进步
- 班级事务我了解
- 班级事务我参与
- 班级事务我担当
- 班级公约我倡议

活动目标

1. 理解班集体含义，树立班集体主人翁意识。
2. 了解班级事务组成，学会组织班级事务，懂得为班级建设出力。
3. 培养集体主义精神，强化担当，以行践知。

活动探究

情境导入

"嗡嗡嗡"，花丛中一群工蜂正跳"圆圈舞"，告诉同伴蜜源的位置，正是流蜜盛期，它们已经在花丛与蜂巢间来来回回几十次了。蜂巢内只见另一群刚回来的工蜂正将采集到的花蜜交给负责储藏的内勤蜂，内勤蜂按照带回来的花蜜含糖量高低接待着这些工蜂们。旁边另一只内勤蜂则正在加工酿造蜂蜜，内勤蜂将自己胃里的蜜汁和转化酶进行混合，之后又将混合物吐了出来，大概 100 多次来回吞吐，这才结束一轮酿制工作。紧接着工蜂将酿化好的蜜汁匆匆送入巢房里，暂时保存了起来，等待蜜汁进一步浓缩。一阵清甜的蜜味飘出，有些蜂巢内的蜂蜜已然成熟，几只工蜂正忙不迭地用蜡将巢房封上盖，储存起大家的劳动结晶。时间日积月累，经过数百只蜜蜂的努力，它们的家在阳光照耀中熠熠生辉。

学生思考

1. 从蜜蜂们将花蜜变成蜂蜜的过程中你感受到了什么？

2. 蜜蜂分工合作只为建设美好家园，那么我们在班级建设中能做什么？

知识探究

雷锋同志曾说过："一滴水只有放进大海里才永远不会干涸，一个人只有当他把自己和集体事业融合在一起的时候才能最有力量。"

班集体是按照集体主义原则组建起来的学生群体，群体成员应积极承担班级事务，各司其职，通力协助，使得共同学习、活动、交往的家园不断向好。我们应该在集体中成长，为集体而成长。

活动体验

想 请在卡片上写出你所知道的班级事务及其工作内容。

思 请在下表中写下你对班级常规事务的处理方式。

班级常规事务	我是如何做的	我将如何改
出勤		
晨读		
课堂		
自习		
作业		
卫生		

做 请为班级编制一份《班级事务分工表》。

评 请针对现有班级事务设计班级公约,通过投票形式选出最佳公约,张贴在班级布告栏,提倡大家践行。

活动回顾

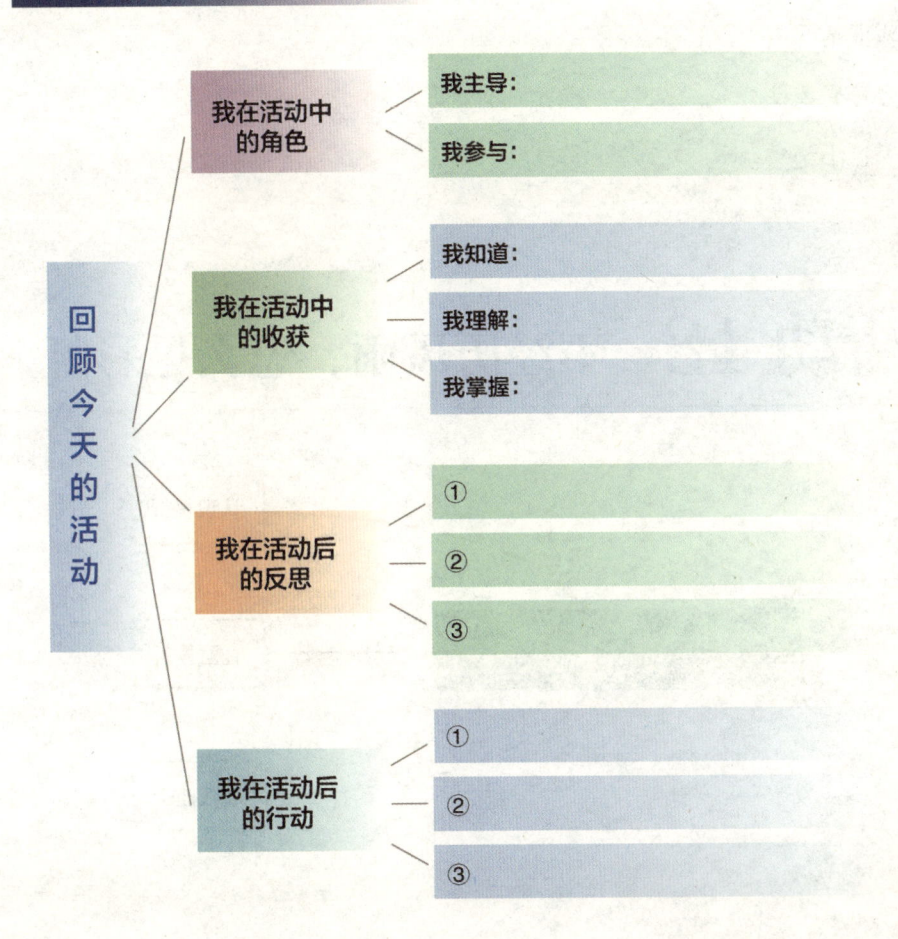

回顾今天的活动
- 我在活动中的角色
  - 我主导:
  - 我参与:
- 我在活动中的收获
  - 我知道:
  - 我理解:
  - 我掌握:
- 我在活动后的反思
  - ①
  - ②
  - ③
- 我在活动后的行动
  - ①
  - ②
  - ③

自主能力发展

活动延伸

班集体的形成离不开班级每一位成员的努力！为了共同建设美好班集体，请同学们按学号排序，担负起值日班长责任，请记录好班级事务点滴，让我们共同见证班集体的成长、我们的成长。

＿＿＿＿班班级日志							
年		月	日	星期	天气	值日班长	
出勤情况	迟到		旷课		事（病）假		
^	人数	姓名	人数	姓名	人数	姓名	
纪律情况						
卫生情况						
作业情况						
今日光荣榜						
今日小结						

活动 18　不经历风雨，怎么见彩虹

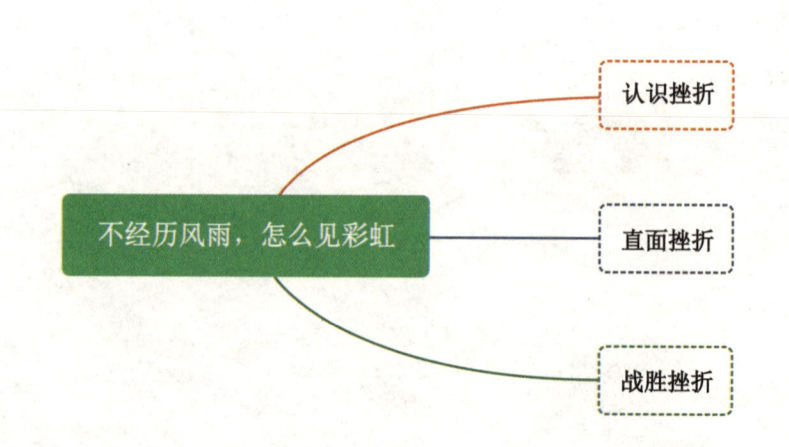

不经历风雨，怎么见彩虹
- 认识挫折
- 直面挫折
- 战胜挫折

活动目标

1. 认识挫折的真实内涵。
2. 学会勇敢面对挫折。
3. 掌握战胜挫折的方法。

活动探究

情境导入

克里斯托弗·里夫因在电影《超人》中扮演超人而被全球影迷熟知，可名声大振不久，在一次马术比赛中他因为事故而导致高位瘫痪。他的三岁儿子看到爸爸躺在床上不能动，心里有些悲伤，但说了一句"爸爸还能笑呢"，里夫忍受着剧烈疼痛坚强而勇敢地活了下来。在人们以为"超人"毁灭的时候，他出人意料地凭借着自己坚韧不屈的毅力导演了一部影视作品，而且出资建立了里夫基金，为医疗保险事业做出贡献。为了成为一位真正的"超人"，里夫坚持复健，他坚信通过自己的努力50岁之前定会重新站立起来。

学生思考

1. 从"爸爸还能笑呢"这句话里，你体会到什么？
2. 我们怎么才能做生活中的"超人"？

知识探究

挫折，在社会心理学上是指由于妨碍达到目标的现实或是想象的阻力而产生的心理状态，表现为不快、不安、失望、愤怒等。

人生在世，谁都会遇到困难和挫折，在人生发展中，顺境和逆境经常是互相贯通、相互转化的。我们要将逆境和挫折视为进步的阶梯，用乐观的态度对待，调动身心各方面的潜能，消除挫折的消极影响，在逆境中奋斗崛起。因此，用辩证发展的观点看问题、看人生，使自己拥有积极的心态，这是我们走向成功的关键。

自主能力发展

活动体验

测 测测你遇到问题时的挫折感。

请你从下列曾经遇到的问题中，找出对应的等级（画√）并写出原因。

遇到的问题	没有挫折感	有点挫折感	有很大挫折感	直接放弃	原因
父母没有按预期给生活费					
遇到朋友背叛					
老师误解，父母责骂					
暗恋的人喜欢别人					
总不能掌握好技能					
上网时网络信号突然中断					
总觉得别人比自己幸福					

写 通过以下词语，你联想到什么？写下你的感受。

惊涛拍岸：＿＿＿＿＿＿＿＿＿＿＿＿＿＿＿＿

鹰击长空：＿＿＿＿＿＿＿＿＿＿＿＿＿＿＿＿

最美逆行：＿＿＿＿＿＿＿＿＿＿＿＿＿＿＿＿

思 面对挫折，你该怎么办？

1. 观看由艾伦·巴利拉罗编导的动画短片《鹬》，你有什么感想？

2. 挫折的积极作用除了下列几种，你还能想到哪些呢？

070

（1）吃一堑，长一智。

（2）跌倒了，爬起来。

（3）自古英雄多磨难，从来纨绔少伟男。

3. 面对挫折，你怎么办？请写出你的做法。

活动回顾

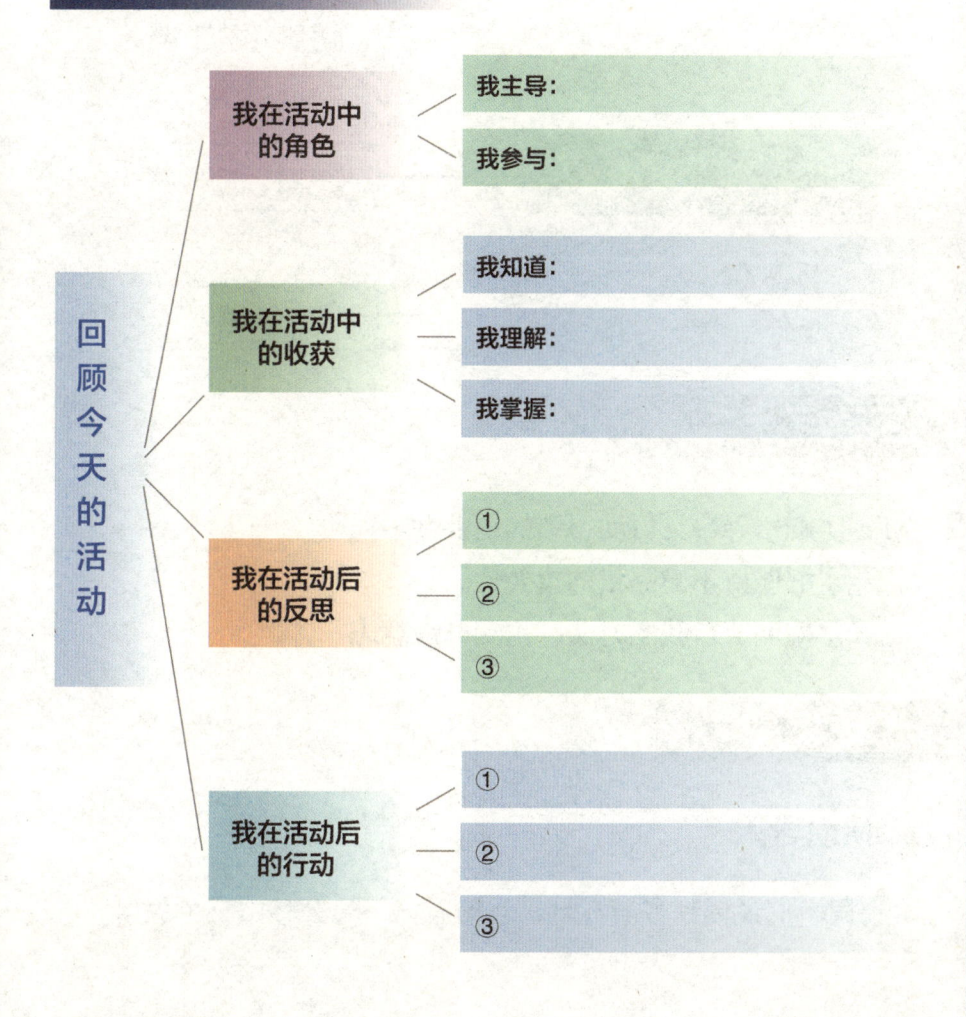

回顾今天的活动

- 我在活动中的角色
  - 我主导：
  - 我参与：
- 我在活动中的收获
  - 我知道：
  - 我理解：
  - 我掌握：
- 我在活动后的反思
  - ①
  - ②
  - ③
- 我在活动后的行动
  - ①
  - ②
  - ③

自主能力发展

活动延伸

请同学们收集名人面对挫折的励志故事，并学习他们的优秀品质。

1. 勾践卧薪尝胆的故事。
2. 音乐家贝多芬的故事。
3. 物理学家霍金的故事。

活动 19　世上无难事，只怕有心人

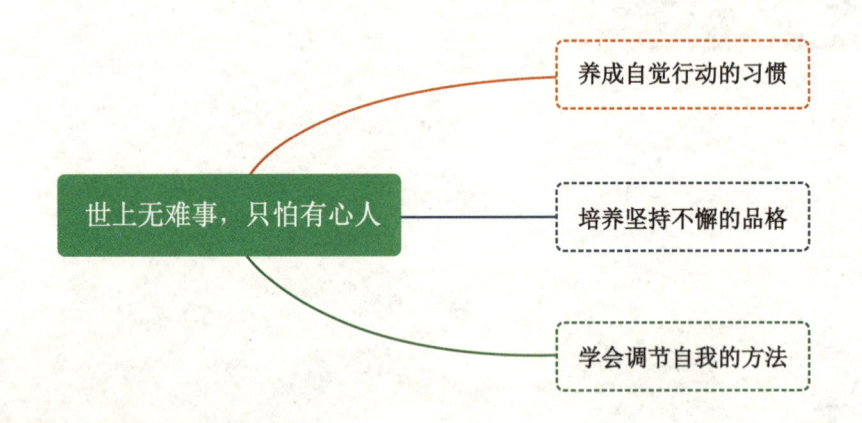

```
                          ┌──────────────────┐
                       ┌──│ 养成自觉行动的习惯 │
                       │  └──────────────────┘
┌──────────────────┐   │  ┌──────────────────┐
│世上无难事，只怕有心人│──┼──│ 培养坚持不懈的品格 │
└──────────────────┘   │  └──────────────────┘
                       │  ┌──────────────────┐
                       └──│ 学会调节自我的方法 │
                          └──────────────────┘
```

活动目标

1. 了解培养自觉行动习惯的重要性。
2. 了解坚持不懈品格的重要性。
3. 掌握调节自我的方法，主动磨炼意志。

活动探究

❋ 情境导入

请同学们说说铁杵磨成针、水滴石穿、愚公移山三个故事。

学生思考

1. 重温大家熟悉的三个故事，你有什么体会？
2. 处于现代社会的我们，需要怎样做？

知识探究

《心理学大辞典》解释："意志是个体自觉地确定目的，并根据目的调节支配自身的行动，克服困难，实现预定目标的心理过程。"

在个人成长过程中，自身努力是内因，外在条件是外因。所谓"师父领进门，修行在个人"，个人的努力在人生道路上有着不可替代的作用。要把实现人生发展放在自身努力之上，积极发挥自己的主观能动性，用有利的外部条件来激发自己的潜能，不断调整和充实自己，不断增强自己的综合素质。只有随着自身素质和能力的不断提高，才能把握机遇，实现人生的发展。

活动体验

谈 根据上次活动的课后延展中了解到的名人面对挫折的故事，请挑选其中的一位为例，谈谈你的感受。

思

1. 请写出下列名著撰写的时长。

   《红楼梦》____年　　《史记》____年

   《本草纲目》____年　　《资本论》____年

2. 名人名事（请说出以下人物及其相关事迹）。

黄旭华	
屠呦呦	

3. 说出你坚持时间最长的一件事情及坚持的理由。

4. 请思考坚持不懈努力会有什么结果。

5. 从表格中挑选你会主动去做的事情，并说明原因。

主动学习	
积极备考	
沉迷各类游戏	
坚持跑步运动	
睡懒觉	
对父母表达关爱	

做 请根据表格内容，完成自觉行动的养成计划。

目标 （学习、生活）	自觉行动 （至少三个）

动 请完成下列问题。

1. 请根据你的小目标，制作属于你的每日作息表。

每日作息表

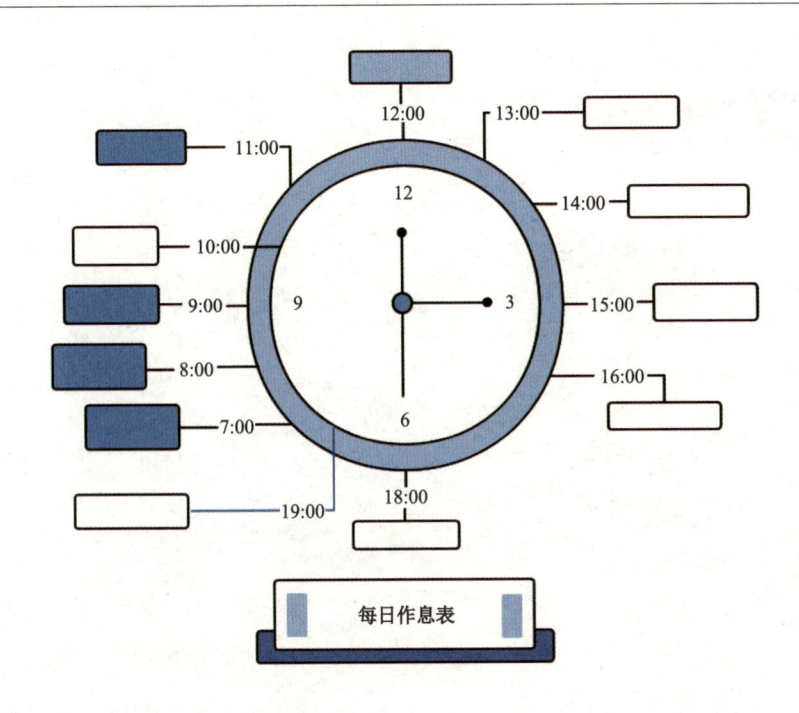

（时钟图：7:00、8:00、9:00、10:00、11:00、12:00、13:00、14:00、15:00、16:00、18:00、19:00）

2. 我承诺：实现我的小目标，开始 21 日打卡活动。

月 日	月 日	月 日	月 日	月 日	月 日	月 日
完成情况：	完成情况：	完成情况：	完成情况：	完成情况：	完成情况：	完成情况：
月 日	月 日	月 日	月 日	月 日	月 日	月 日
完成情况：	完成情况：	完成情况：	完成情况：	完成情况：	完成情况：	完成情况：
月 日	月 日	月 日	月 日	月 日	月 日	月 日
完成情况：	完成情况：	完成情况：	完成情况：	完成情况：	完成情况：	完成情况：

3. 当你做一件事情不能坚持下去的时候，谈一谈自我调节的方法。

4. 全班齐唱歌曲《飞得更高》。

自主能力发展

活动回顾

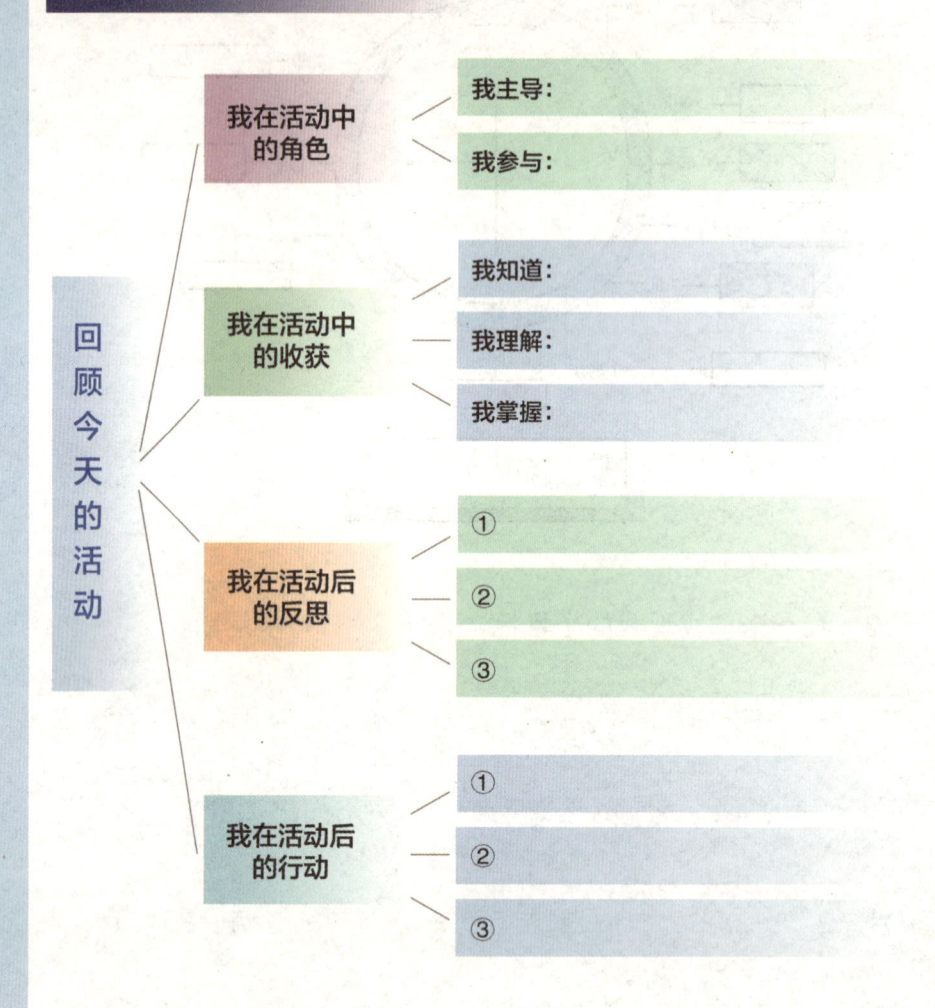

回顾今天的活动
- 我在活动中的角色
  - 我主导：
  - 我参与：
- 我在活动中的收获
  - 我知道：
  - 我理解：
  - 我掌握：
- 我在活动后的反思
  - ①
  - ②
  - ③
- 我在活动后的行动
  - ①
  - ②
  - ③

活动延伸

1. 请阅读书籍《超高效时间管理：用 12 周完成 12 月的工作》（清华大学出版社）。

这本书包含许多行之有效的准则和原理，助力你达成目标，并能有效指导你的整个实施过程。

2. 请同学们为自己不感兴趣但又有意义的一件事情，制定一项学习或生活目标，坚持 21 天完成任务。

活动 20　恰同学少年，风华正茂

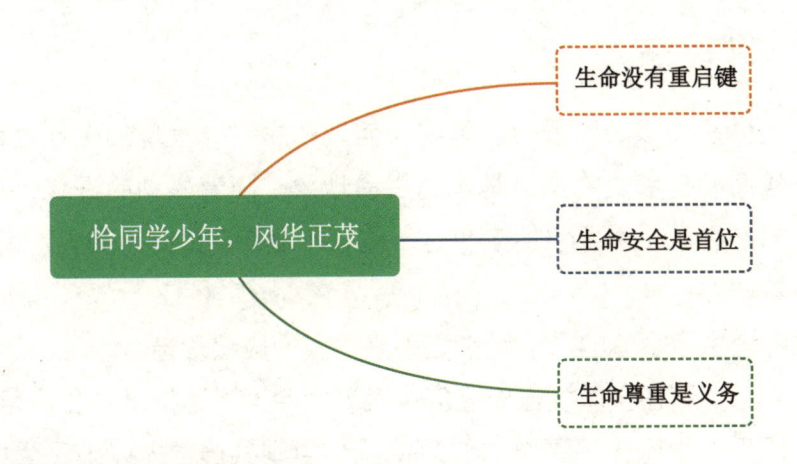

```
                          ┌─────────────┐
                          │ 生命没有重启键 │
                          └─────────────┘

┌─────────────────┐       ┌─────────────┐
│ 恰同学少年，风华正茂 │────│ 生命安全是首位 │
└─────────────────┘       └─────────────┘

                          ┌─────────────┐
                          │ 生命尊重是义务 │
                          └─────────────┘
```

活动目标

1. 认识生命的意义，学会珍爱生命。
2. 了解生命安全的重要意义，学会保护生命。
3. 了解尊重生命的意义，学会爱护生命。

活动探究

✦ 情境导入

　　2008 年 5 月 12 日，在汶川大地震中舞蹈老师廖智痛失了深爱的女儿。而她虽在废墟中坚强地熬过 26 小时后得到了救援，但最终不得不接受小腿截肢手术。作为母亲她失去孩子，作为舞蹈演员她失去小腿，这样的打击对她来说比失去生命更为残酷，但顽强的廖智并没有放弃自己的生命与梦想，她选择了坚强面对。通过一段时间的恢复，她排练了舞蹈《鼓舞》，失去双腿的廖智再次"站"在了舞台中央，红绸飞舞，失去双腿的廖智用自己残缺的身体在一面大鼓上旋转翻滚，做出各种高难度的舞蹈动作，跪在鼓上完成了她精彩绝伦地舞蹈。这是一场震撼人心的演出，现场掌声雷动，观众无不满含泪水地看完廖智这场令人难忘的舞蹈演出。

学生思考

1. 从舞蹈演员廖智的事迹上，你学到到了什么？
2. 怎么做才可以让自己的生命发光发亮？

知识探究

生命是由核酸和蛋白质等物质组成的生物体呈现的生理过程。新陈代谢和自我复制是最基本的生命现象。随着生物的进化，生命现象愈加复杂，主要包括应激性、催长、发育、遗传、变异、运动、调节等。

每个生命个体的形成都来之不易，我们应该珍惜、珍爱、珍视。习近平总书记在全国抗击新冠疫情表彰大会上讲话指出："生命至上，集中体现了中国人民深厚的仁爱传统和中国共产党人以人民为中心的价值追求。'爱人利物之谓仁。'疫情无情人有情。人的生命是最宝贵的，生命只有一次，失去不会再来。在保护人民生命安全面前，我们必须不惜一切代价，我们也能够做到不惜一切代价……"

活动体验

看 请同学们看看生命的诞生过程，谈谈你对生命的理解。

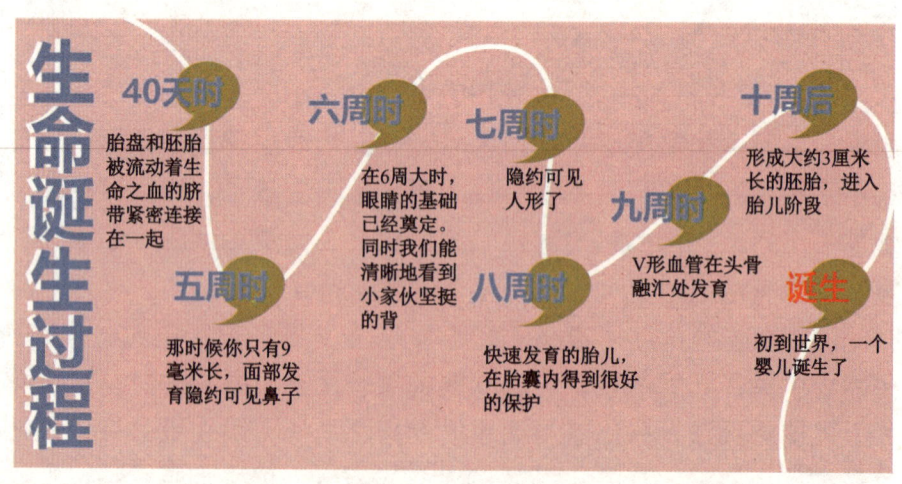

生命诞生过程

40天时：胎盘和胚胎被流动着生命之血的脐带紧密连接在一起

五周时：那时候你只有9毫米长，面部发育隐约可见鼻子

六周时：在6周大时，眼睛的基础已经奠定。同时我们能清晰地看到小家伙坚挺的背

七周时：隐约可见人形了

八周时：快速发育的胎儿，在胎囊内得到很好的保护

九周时：V形血管在头骨融汇处发育

十周后：形成大约3厘米长的胚胎，进入胎儿阶段

诞生：初到世界，一个婴儿诞生了

（来源：王伦/制作）

◆ 比　请同学们通过网络查找"5·12 汶川特大地震"的新闻报道和相关图片，比较生命的脆弱与坚强，并谈谈自己的感想。

◆ 帮　请从以下几个方面做起，保护自身的生命安全。

1. 出行安全
请同学们思考在日常出行中，你有几个坏习惯？

出行中不良习惯	是或否	改进想法
走路看手机、聊天、打闹		
过马路不走斑马线		
过马路不看红绿灯		
公交车未停稳强上强下		

2. 饮食安全
请同学们思考在日常饮食中，你能保持几个好习惯？

日常饮食中不良习惯	是或否	改进想法
坚持喝白开水		
不吃垃圾食品		
购买食品会看保质期		
三餐时间正常		
独立使用个人餐具		

自主能力发展

3. 身心健康

请同学们思考造成当代人亚健康现象的原因是什么？面对亚健康应该如何做？

做 请从以下三个选题中，选择一个主题，进行 5 分钟的演讲。

1. 感恩父母的养育：身体发肤，受之父母。
2. 爱护自然，尊重生命。
3. 尊重他人生命。

活动回顾

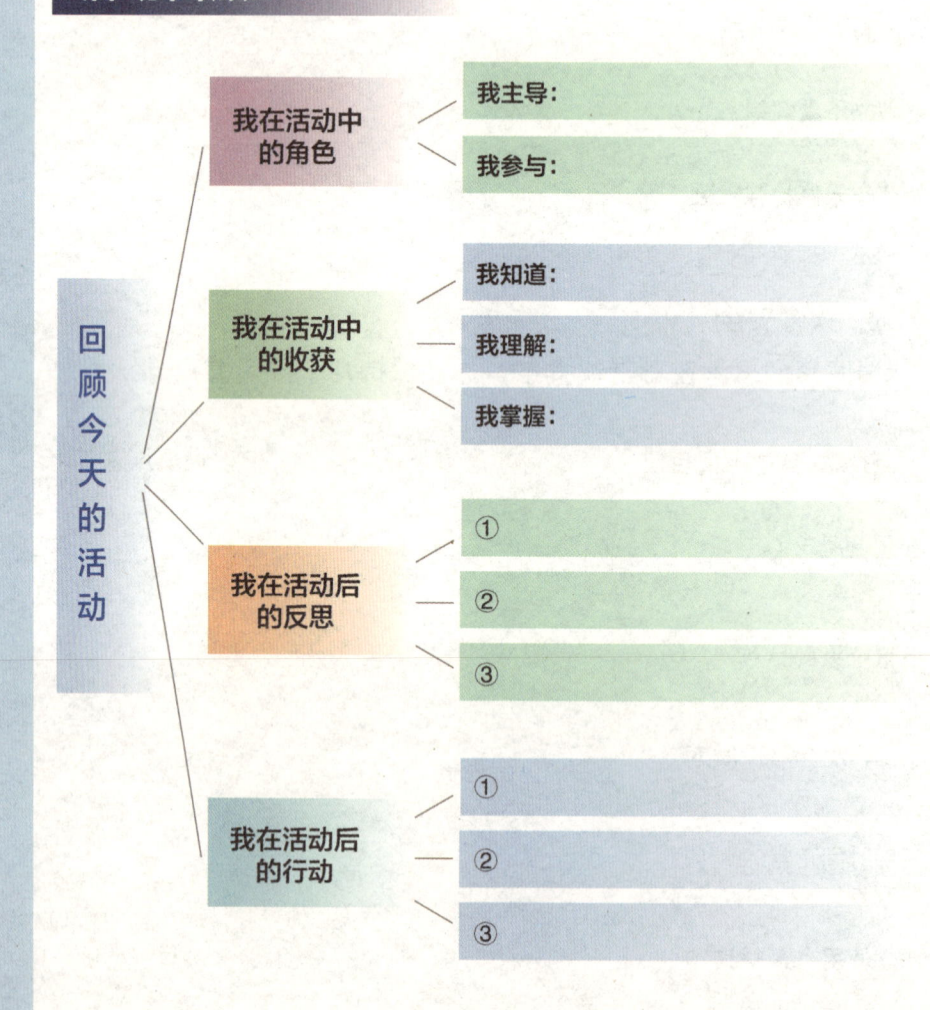

回顾今天的活动

- 我在活动中的角色
  - 我主导：
  - 我参与：
- 我在活动中的收获
  - 我知道：
  - 我理解：
  - 我掌握：
- 我在活动后的反思
  - ①
  - ②
  - ③
- 我在活动后的行动
  - ①
  - ②
  - ③

活动延伸

请同学们观看电影《可可西里》。

《可可西里》这部影片讲述了记者尕玉和巡山队员为了保护可可西里的藏羚羊和生态环境，与藏羚羊盗猎分子顽强抗争，甚至不惜牺牲生命的故事。

活动 21 我的青春我绽放

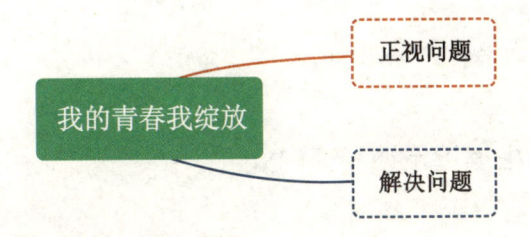

我的青春我绽放 —— 正视问题
　　　　　　　 —— 解决问题

活动目标

1. 了解自我人格的主要内容。
2. 学会从客观角度正确审视自己，反思自我人格方面存在的问题。
3. 能够在自我审视中找到解决问题的办法，培养健全人格。

活动探究

情境导入

请同学们分组讨论自己心中的青春的模样，并分组进行汇报，可以唱歌，也可以朗诵诗歌，形式自选。

学生思考

1. 联系前面所学的知识，总结健全人格主要包括哪些方面？
2. 反思自己在健全人格方面存在哪些问题？

自主能力发展

知识探究

《科普中国》指出，人格（personality）是指个体在对人、对事、对己等方面的社会适应中行为上的内部倾向性和心理特征。表现为能力、气质、性格、需要、动机、兴趣、理想、价值观和体质等方面的整合，是具有动力一致性和连续性的自我，是个体在社会化过程中形成的独特的心身组织。人格泛指一个人独特的、相对稳定的行为模式。英国著名心理学家艾森克指出："人格乃是决定个人适应环境的个人性格、气质、能力和生理特征。"人格健全是指一个人不断认识自我、提升自我、完善实现的过程。只有当现实自我和理想自我达到结合的时候，人才能真正达到的自我实现。

活动体验

思 请根据提示填写空白处。

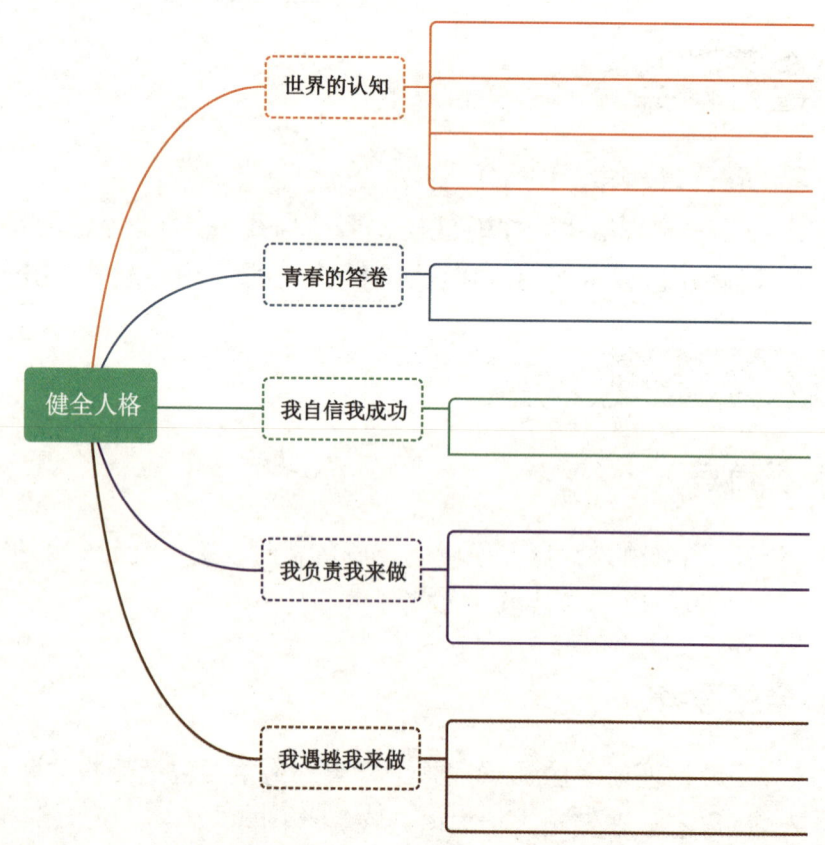

健全人格
- 世界的认知
- 青春的答卷
- 我自信我成功
- 我负责我来做
- 我遇挫我来做

◆ 写　填写近期发生在你身上的一件事，可以从世界认知、青春奋斗、自信形成、责任培养、挫折斗争方面任选其一。

主题:	
时间:	地点:
人物:	用时:

概况简述:

回顾目标（目的与阶段性目标）:

评估结果（亮点与不足）:

分析原因（成败原因）:

总结经验（规律、心得与行动计划）:

规律、心得:

行动计划	开始做
	继续做
	停止做

活动回顾

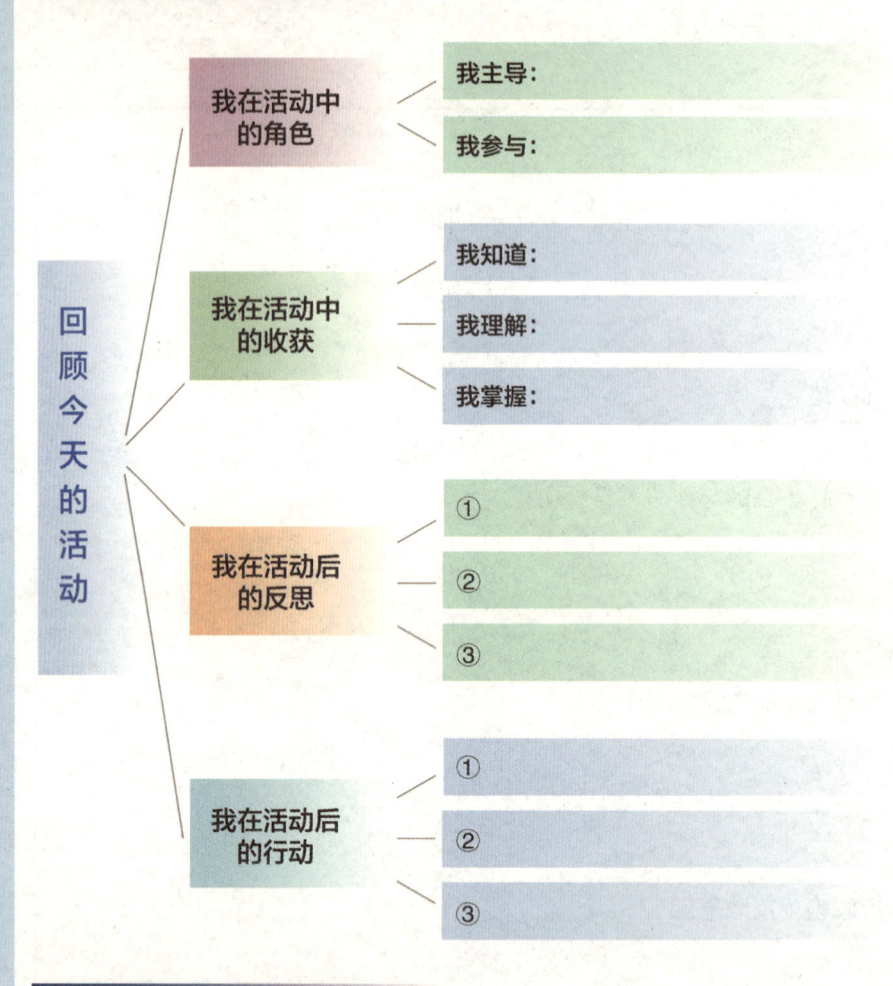

回顾今天的活动

- 我在活动中的角色
  - 我主导：
  - 我参与：
- 我在活动中的收获
  - 我知道：
  - 我理解：
  - 我掌握：
- 我在活动后的反思
  - ①
  - ②
  - ③
- 我在活动后的行动
  - ①
  - ②
  - ③

活动延伸

请阅读书籍《人格心理学》（中国轻工业出版社）。

《人格心理学》这本书对精神分析流派、特质流派、生物学流派、人本主义流派、行为主义和社会学习理论流派及认知心理学流派等六大人格理论流派，逐一进行了详尽的介绍与评价，并梳理了大量实证研究项目。该书强调运用人格理论解决实际生活中的问题，并且提供了 13 个经典的人格测验，帮助读者对自己的人格特征有更透彻的认知，并对薄弱处进行有针对性的训练，以便建立健全的人格。

活动 22 用知识来改变命运

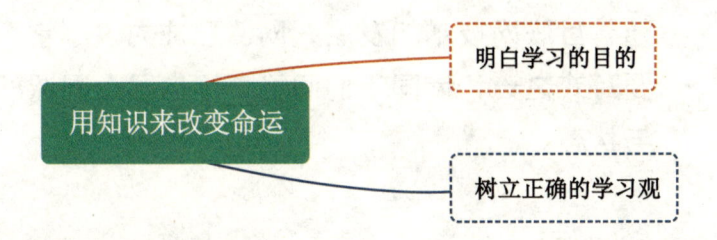

用知识来改变命运
- 明白学习的目的
- 树立正确的学习观

活动目标

1. 了解学习的意义，明确学习目标。
2. 养成良好的学习习惯，掌握正确的学习方法，提高学习成效。

活动探究

情境导入

请同学们观看陈薇院士在清华大学 2012 年夏季研究生毕业典礼上的演讲《选择与坚持》。

学生思考

1. 你选择所学专业的理由是什么？
2. 为了坚持自己的梦想，你付出了哪些行动？

知识探究

学习分为狭义与广义两种。

狭义的学习是指通过阅读、听讲、研究、观察、理解、探索、实验、实践等手段获得知识或技能的过程，是一种使个体可以得到持续变化（知识与技能、方法与过程、情感与价值的改善及升华）的行为方式。例如，通过学校教育获得知识的过程。

自主能力发展

广义的学习是人在生活过程中，通过获得经验而产生的行为或行为潜能的相对持久的行为方式。

活动体验

比 随着互联网技术的发展，网课已成为大家学习的主要方式之一，请同学们回忆一下自己上网课的心情与状态。

想 你认为学习是为了什么？请在你选择的答案后面写上说明。

找到工作	
创造财富	
丰富内在	
追求功名	
实现理想	
寻求快乐	
其他	

谈 请你谈谈在已有的学习经历中，有什么实际的收获？你觉得学习有用吗？

辩 请以"读书有用与读书无用"为题开展一场班级辩论赛。

活动回顾

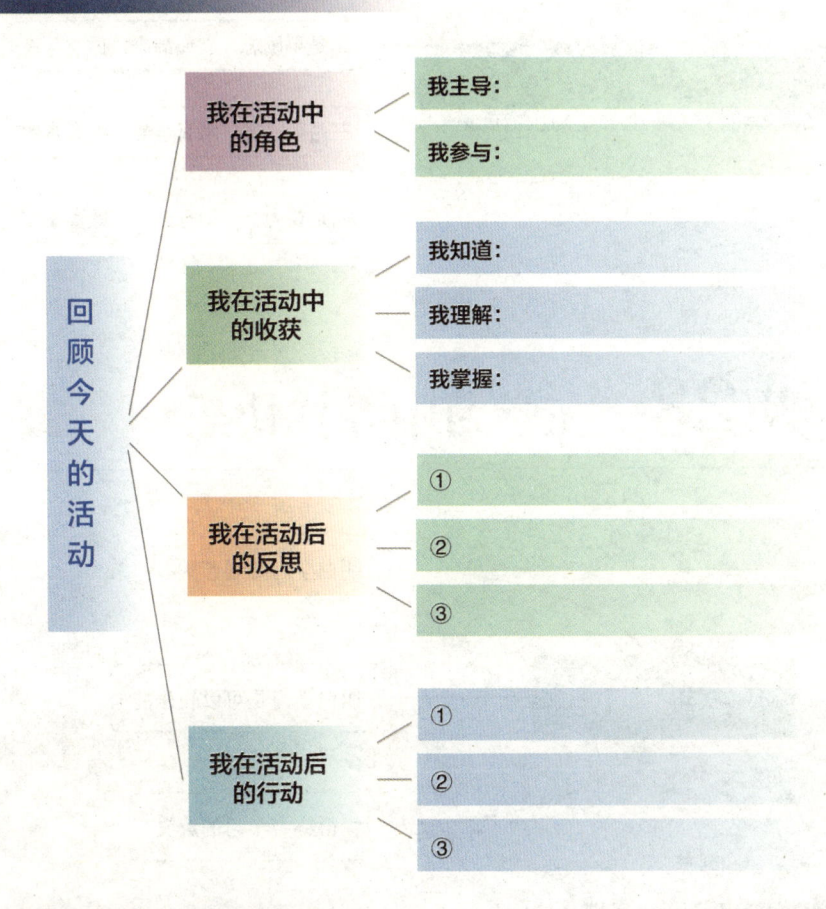

回顾今天的活动

- 我在活动中的角色
  - 我主导：
  - 我参与：
- 我在活动中的收获
  - 我知道：
  - 我理解：
  - 我掌握：
- 我在活动后的反思
  - ①
  - ②
  - ③
- 我在活动后的行动
  - ①
  - ②
  - ③

活动延伸

1. 请同学们收集并学习钟南山院士的成长故事，并谈谈你的体会。

087

自主能力发展

2. 2018年5月2日习近平总书记在北京大学师生座谈会上的讲话，对青年提出4点希望：

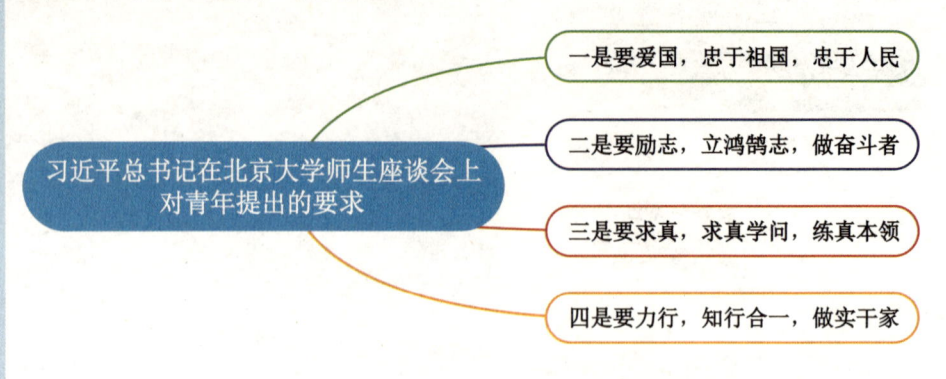

习近平总书记在北京大学师生座谈会上对青年提出的要求
- 一是要爱国，忠于祖国，忠于人民
- 二是要励志，立鸿鹄志，做奋斗者
- 三是要求真，求真学问，练真本领
- 四是要力行，知行合一，做实干家

活动23　在学习中寻找快乐

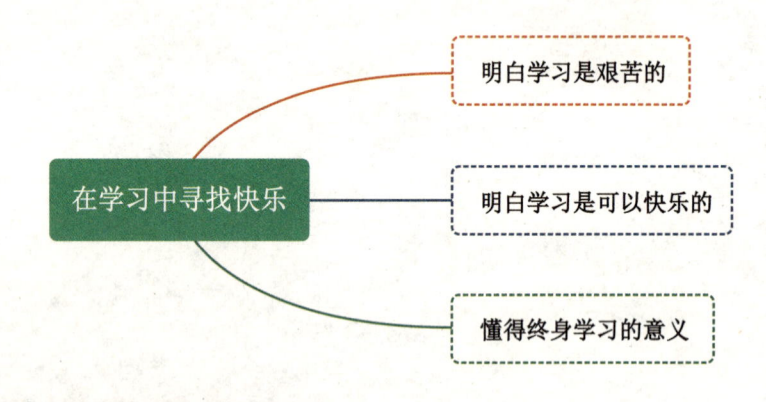

在学习中寻找快乐
- 明白学习是艰苦的
- 明白学习是可以快乐的
- 懂得终身学习的意义

活动目标

1. 了解学习的本质，以及明确学习是一个漫长积累的过程。
2. 了解正确的学习方法，在学习过程中寻找和收获快乐。
3. 树立终身学习的观念，为全面发展奠定基础。

活动探究

情境导入

请同学们观看85后北京姑娘杜蒙斩获日本金泽国际玻璃艺术大赏优秀奖的视频。

学生思考

1. 是什么让杜蒙坚持学习和创造手工作品 11 年？
2. 学习什么能让你做到长久坚持，为什么？

知识探究

学习，是人类生命历程的重要生活方式，是提升自我、完善自我，提高生命质量，创造人生成就与幸福的最基本途径。如果不正确的对待学习，认为学习是耗时费力的事情，容易染上一种"苦学"的色彩，可能产生厌学情绪，从而导致成绩下降，并进入一种学习过程的恶性循环，也就很难体会和感受到学习中的快乐与成功感。如何保持快乐学习，可以从以下几个方面入手。

1. 学会制定目标。学习中应该制定具体目标，但要切记盲目制定。应该以"小步追赶"为原则，选择班级群体中某位靠前的同学作为追赶的目标，在达到预期目标后，再选择下一次追赶目标，在进步中享受快乐。

2. 按计划学习。每学期初拟定自己的学习计划，要学会课前预习和课后复习，每天遇到的学习疑惑要及时寻求老师或同学的帮助，不让困惑留给明天。按计划、按步骤完成每天的学习任务量，在解决学习问题中享受成功与快乐。

3. 加强身体锻炼。运动能够让大脑保持兴奋的状态，使得人保持更集中、更持久的注意力，从而更快速地进行信息处理，提高问题解决技能。同时，运动能帮助人释放压力，强身健体，所以试着学会在运动中寻找快乐。

活动体验

查 检查你对学习本质的认知程度。

你在学习以下事务时的状态是什么？请简短说明产生状态的原因。

自主能力发展

课外阅读	
兴 趣 班	
体育运动	
网络游戏	
专业技能	
专业课程	

谈 请你谈谈在现阶段学习快乐与否？并说明原因。

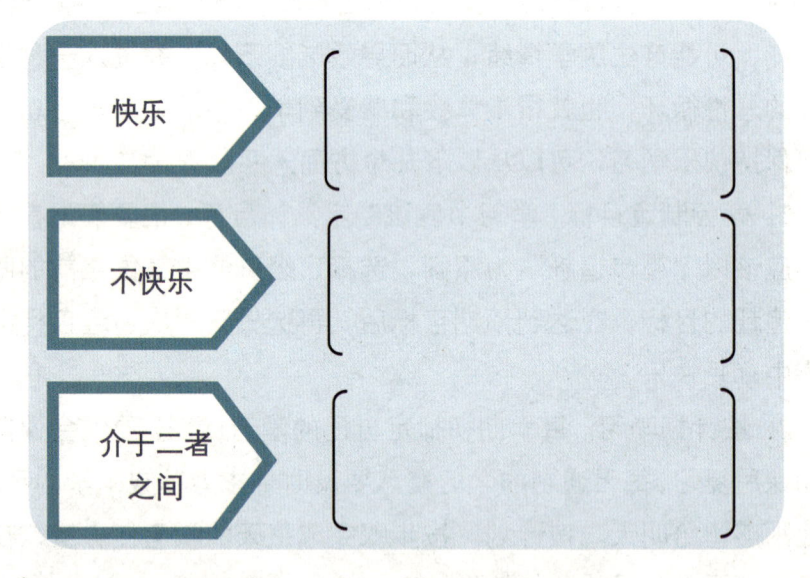

快乐 [　　　　　　　　　　]

不快乐 [　　　　　　　　　　]

介于二者之间 [　　　　　　　　　　]

想 请分组讨论。怎么在学习中寻找快乐点？请在下面罗列几个有效的学习方法。

做 活到老，学到老。

活动 23

请观看人民日报的视频《用"智能创作机器人"报道两会，是一种什么体验》，并思考以下问题。

面对科技的迅速发展，你准备怎么应对？

活动回顾

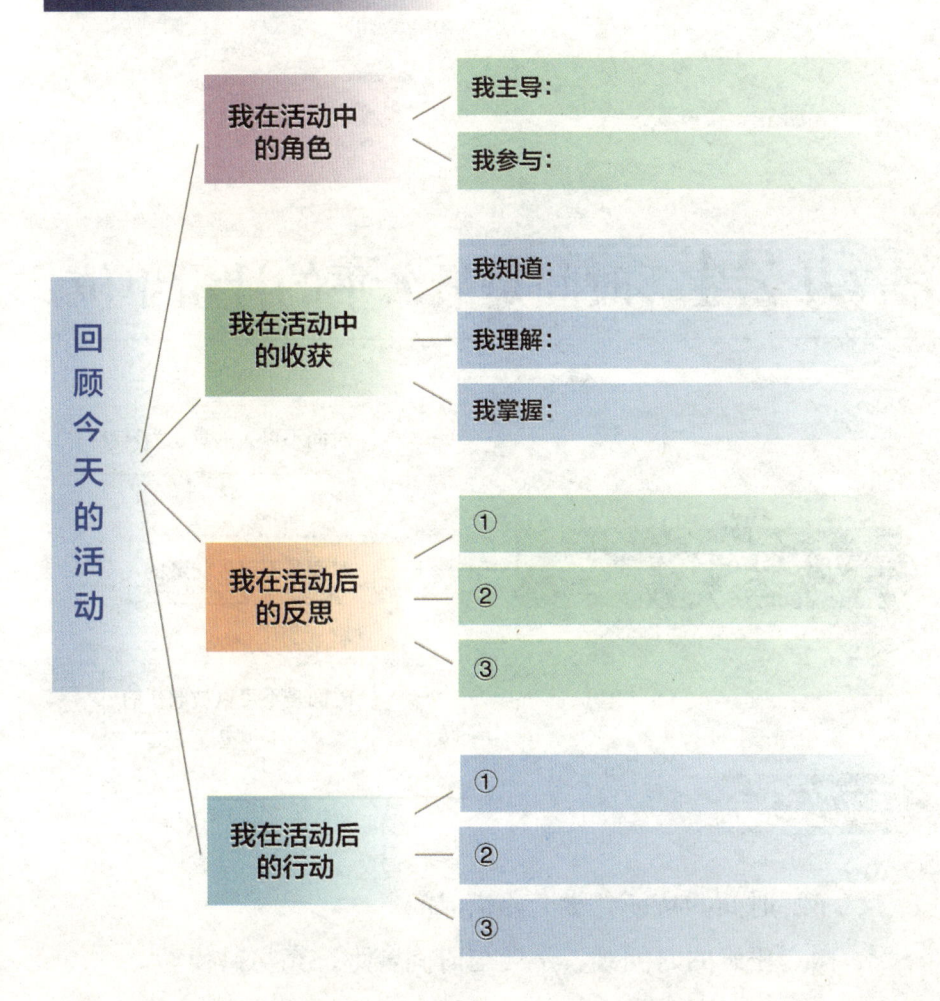

回顾今天的活动
- 我在活动中的角色
  - 我主导：
  - 我参与：
- 我在活动中的收获
  - 我知道：
  - 我理解：
  - 我掌握：
- 我在活动后的反思
  - ①
  - ②
  - ③
- 我在活动后的行动
  - ①
  - ②
  - ③

091

自主能力发展

活动延伸

1. 请阅读书籍《一生的读书计划》（译林出版社）。

该书意在引导读者阅读自己喜爱或对自己有益的书籍，让读者自己去挖掘一生无穷尽的宝藏，不断拓宽知识领域，达到博学多知。

2. 请写出你的学习计划。

活动 24 时间是最公平的计量单位

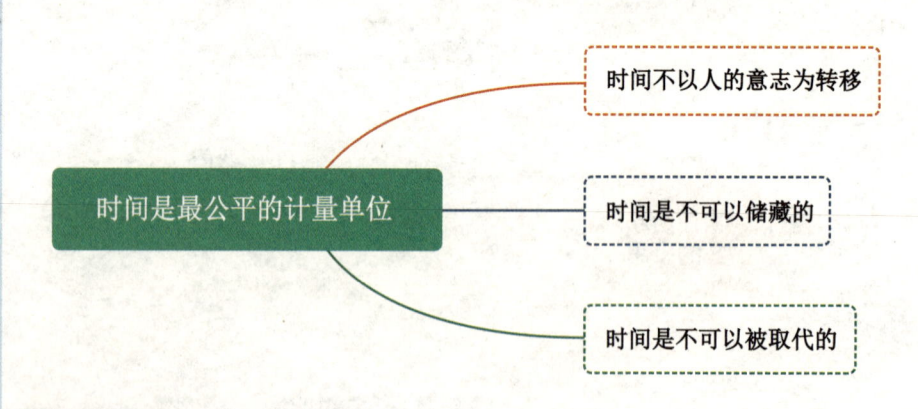

时间是最公平的计量单位
- 时间不以人的意志为转移
- 时间是不可以储藏的
- 时间是不可以被取代的

活动目标

1. 了解时间的特征，学会珍惜时间。
2. 树立正确的时间观，学会与时间赛跑，充实自我。

活动探究

情境导入

请同学们思考一下，一分钟的时间可以做什么？

学生思考

1. 分组实验，你的一分钟能干什么？
2. 心脏一分钟能跳动多少下？你使用计算机一分钟能打多少个字？网络一分钟能传输多少数据？

知识探究

时间是指物质运动过程的持续性和顺序性，也指时间计量，包括时间间隔和时刻两方面。前者指物质运动经历的时段；后者指物质运动的某一瞬间，一般以地球自转为依据。

时间的特点是一维性或不可逆性。这是指时间只有从过去、现在到未来一个方向，总沿着单向前进，去而不返，不可逆转。"知一句便行一句，此力行之事。"人生是短暂的，我们应该珍惜自己的生命，珍惜人生的有限时间，要在有限的时间里，实现自己的人生理想，积极行动，立刻行动。

活动体验

讲 请用 PPT 展示你的照片（从出生到现在的你认为好看的照片），并讲述当年的光阴故事。

思 时间是什么？请从下列三个主题中选择其一，分组讨论后，派一名代表进行 3 分钟演讲。

1. 时间是生命。
2. 时间是海绵里的水。
3. 时间是坚韧的刻刀。

想
假如你拥有时光机，可以回到过去，你最想干什么？

假如你的生命只有三天，你会怎么安排？

做
请同学们观看《时间》微电影，并做出你的时间规划。

活动回顾

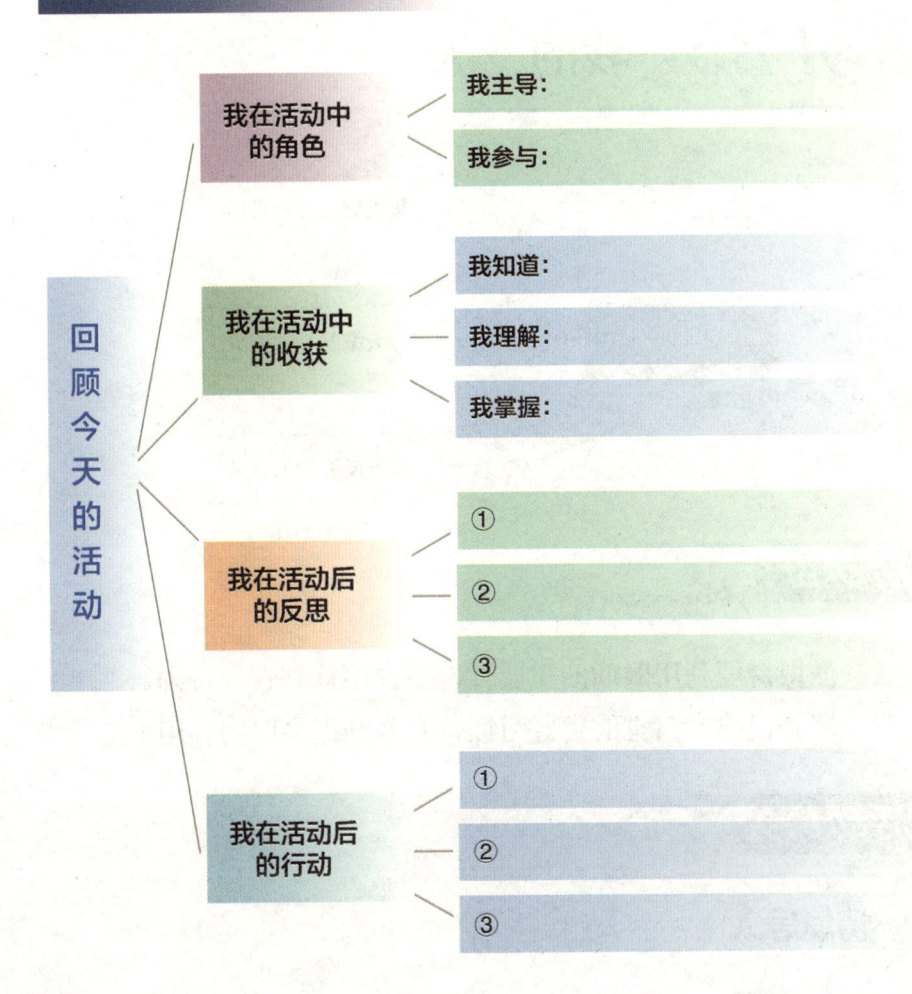

- 回顾今天的活动
  - 我在活动中的角色
    - 我主导：
    - 我参与：
  - 我在活动中的收获
    - 我知道：
    - 我理解：
    - 我掌握：
  - 我在活动后的反思
    - ①
    - ②
    - ③
  - 我在活动后的行动
    - ①
    - ②
    - ③

活动延伸

请同学们观看电影《返老还童》。

电影《返老还童》讲述了主人公本杰明，出生时便是老态龙钟的样子，从小被父亲抛弃后，幸得老人院好心人的收养。不同寻常的是，本杰明的身体变化是逆向的，随着年纪增长，反而越年轻，最后去世时是一个婴儿的状态。这个故事蕴含了很多人生哲理，人生在世要学会珍惜眼前、珍爱时间，活在当下。

自主能力发展

活动 25 我的一天

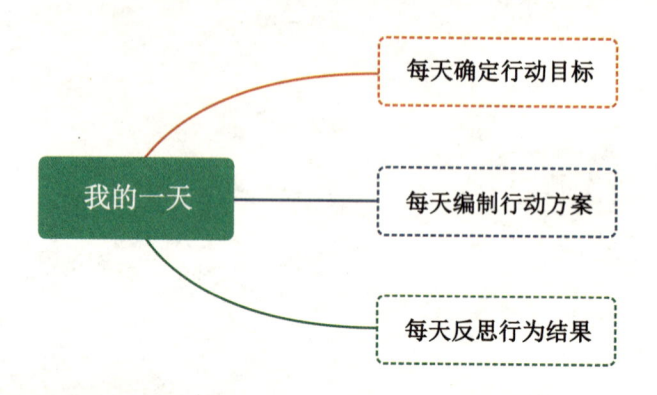

```
我的一天 ── 每天确定行动目标
        ── 每天编制行动方案
        ── 每天反思行为结果
```

活动目标

1. 懂得合理利用时间的重要性，学会用计划管理行为。
2. 培养自律、自觉的良好习惯，有效地提高时间利用率。

活动探究

情境导入

请同学们展示在活动 22 中观看《时间》微电影后做出的时间规划。

学生思考

1. 时间规划是否能够实现你的行动目标？
2. 时间规划是否还有可以调整的地方？

知识探究

科学合理地安排时间就是要有效地运筹时间、管理时间。学习时间、休息时间、娱乐时间、锻炼时间等需要科学合理地安排。一个人的智力水平、健康情况、生长环境等各有差异，编制用时计划要以自己设定的行动目标为出发点，统筹考虑，因人而异。

　　列夫·托尔斯泰说：要有生活目标，一辈子的目标，一段时间的目标，一个阶段的目标，一年的目标，一个月的目标，一个星期的目标，一天的目标，一小时的目标，一分钟的目标。科学的时间安排应该结合我们的生活目标，让我们每时每刻每分每秒，都有明确的行动目标。

活动体验

做 是谁偷走了你的时间？

　　在下面的小方格内标注目前你的 24 小时是怎么分布的。（学习用蓝色，休息用绿色，就餐用黄色，锻炼用红色，其他情况不填。）

1	2	3	4	5	6
7	8	9	10	11	12
13	14	15	16	17	18
19	20	21	22	23	24

　　创建表格，写出你前一天做过的具体事项。

自主能力发展

请结合以上两个表格中的数据，将事件按不同类别罗列于以下表格中，并计算出每类事件的每天时间占比。

与学习相关事件	与休息相关事件	与娱乐相关事件
每天时间占比：	每天时间占比：	每天时间占比：

通过观察时间占比，你有什么感受？

◆ 比　成功人士的日程表。

请同学们通过网络查找你认为的成功人士的日程表，互相分享并思考以下问题。

对比你的日程表：

098

活动 25

对比你的 12 点时分：

对比你的休息时间：

行 你今天的行动目标是什么？

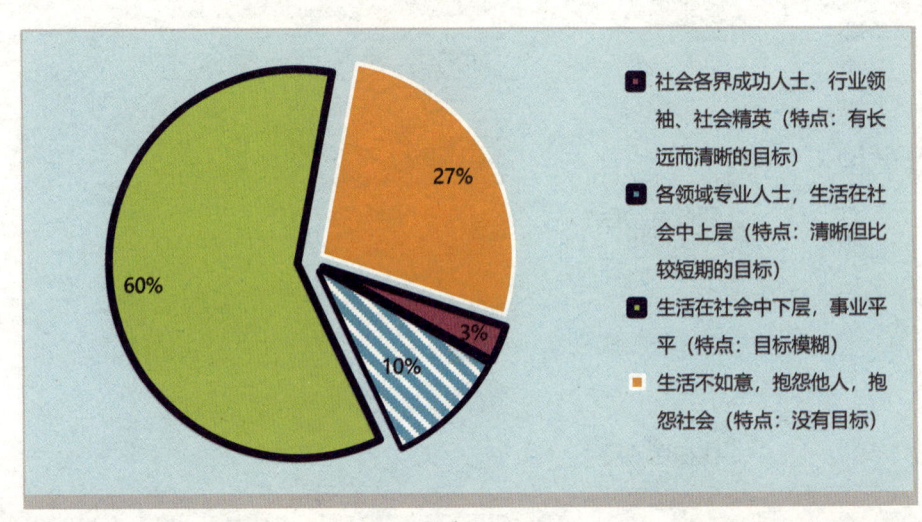

- 社会各界成功人士、行业领袖、社会精英（特点：有长远而清晰的目标） 3%
- 各领域专业人士，生活在社会中上层（特点：清晰但比较短期的目标） 27%
- 生活在社会中下层，事业平平（特点：目标模糊） 10%
- 生活不如意，抱怨他人，抱怨社会（特点：没有目标） 60%

（来源：王伦/制作）

099

自主能力发展

你想成为以上哪类人？请为自己制定"今日目标"，并将具体执行计划写入 24 小时计划表中。

实现今天的目标，你决定怎样安排今天的时间？

1:00	2:00	3:00	4:00	5:00	6:00
7:00	8:00	9:00	10:00	11:00	12:00
13:00	14:00	15:00	16:00	17:00	18:00
19:00	20:00	21:00	22:00	23:00	24:00

活动回顾

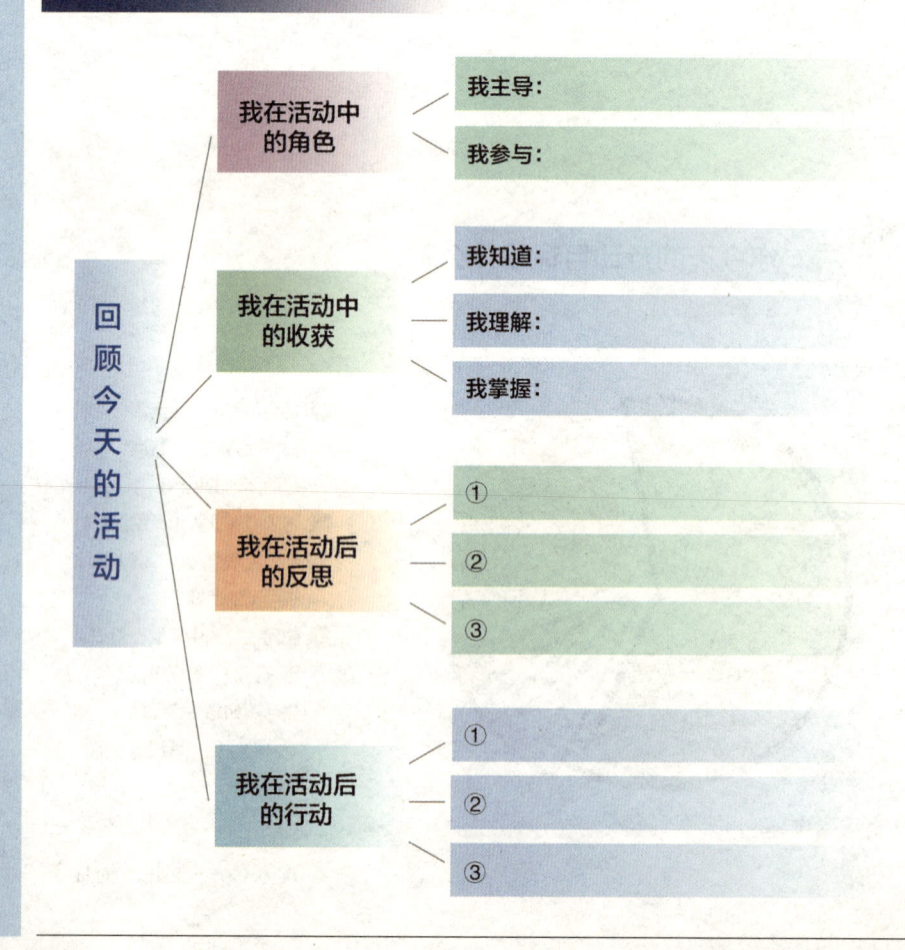

回顾今天的活动
- 我在活动中的角色
  - 我主导：
  - 我参与：
- 我在活动中的收获
  - 我知道：
  - 我理解：
  - 我掌握：
- 我在活动后的反思
  - ①
  - ②
  - ③
- 我在活动后的行动
  - ①
  - ②
  - ③

活动延伸

请阅读书籍《如何掌控自己的时间和生活》(北京联合出版公司)。

《如何掌控自己的时间和生活》是时间管理领域的经典之作。它告诉我们每个人的时间都是一样的，别人比你忙，能完成更多的工作，你也行。之所以会出现差异，主要原因在于对时间的掌控。有效地利用时间是一种人人都可以掌握的技巧，就像驾驶一样，有效利用时间，不是成为时间的奴隶，而是实现自己的人生目标。

活动 26　不扫一屋，何扫天下

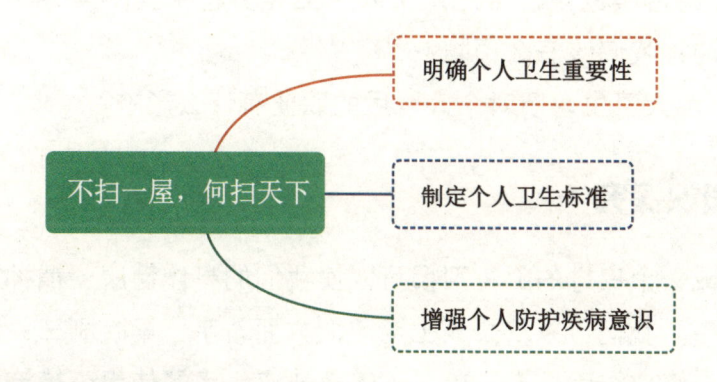

不扫一屋，何扫天下
- 明确个人卫生重要性
- 制定个人卫生标准
- 增强个人防护疾病意识

活动目标

1. 养成良好的个人卫生习惯，增强身体抵抗力。
2. 让学生们理解只有好的、健康的身体才能更好地学习。
3. 增强学生的卫生知识与自我保健意识。

活动探究

❋ 情境导入

1. 2018 年 11 月 15 日，某市疾病预防控制中心接到某学校报告，有学生身体出现红色丘疹，瘙痒剧烈，并且患病学生数量由1~2人发展到同宿舍的6人，其间有学生到医院就诊，确诊为疥疮。

2. 李明毕业后在某建筑公司上班，经过努力奋斗，成为公司主要负责人，他的办公室宽敞明亮，他经常在这里思考问题，撰写文章，处理日常工作。办公室的书柜里的书摆放得整齐、美观、有条不紊。他不管工作多忙，每天亲手扫地、擦桌子，地上没有一片纸屑，桌子上见不到一点尘土。他不仅办公室内整洁，也很注意自己的仪表。他经常出入建筑施工现场，却一直能保持衣着整齐，精神抖擞，很有风度。

学生思考

1. 结合上述两个案例，你有什么感想？
2. 结合案例说说不注意个人卫生会引起哪些传染病？它是怎样传播的？我们该怎么预防？
3. 个人卫生习惯对个人以后的职业有什么影响？

知识探究

养成一个良好的卫生习惯可以使我们的身体健康、精神焕发、神情愉悦。我们可以从个人生活习惯方面着手：早晚刷牙、洗脸；勤洗澡、修剪指甲；勤洗手；不随地吐痰；用餐使用公筷等。

1. 经常保持双手的清洁，手指甲、脚趾甲要经常修剪，保持适当长度。
2. 头发梳理整齐，并经常清洗和定期修剪。
3. 不用公共毛巾、面盆，注意视力保健。
4. 用餐及吃甜食后应刷牙、漱口，保持口腔的卫生。
5. 养成每天洗澡和更换内衣裤的习惯。
6. 咳嗽、打喷嚏时，要用手帕掩住口鼻。
7. 吐痰时应吐在卫生纸上，并包好丢入垃圾桶。
8. 不乱丢纸屑和果皮等废弃物。
9. 不吸烟、不酗酒、不嚼食槟榔。

活动 26

活动体验

动 通过互联网搜索"洗手七步法"视频，学习正确的洗手方式，并将关键步骤进行图形创意设计，运用于班级宣传。

说 与同学说说你的刷牙方法，互相讨论正确的刷牙方法，并在早晚改正刷牙方法。

写 以"个人卫生"为主题，设计一张创意海报。

自主能力发展

个人卫生做得好的方面	个人卫生需要改进的方面

做 设计一张个人卫生改进打卡卡片，并持续坚持 21 天。

活动回顾

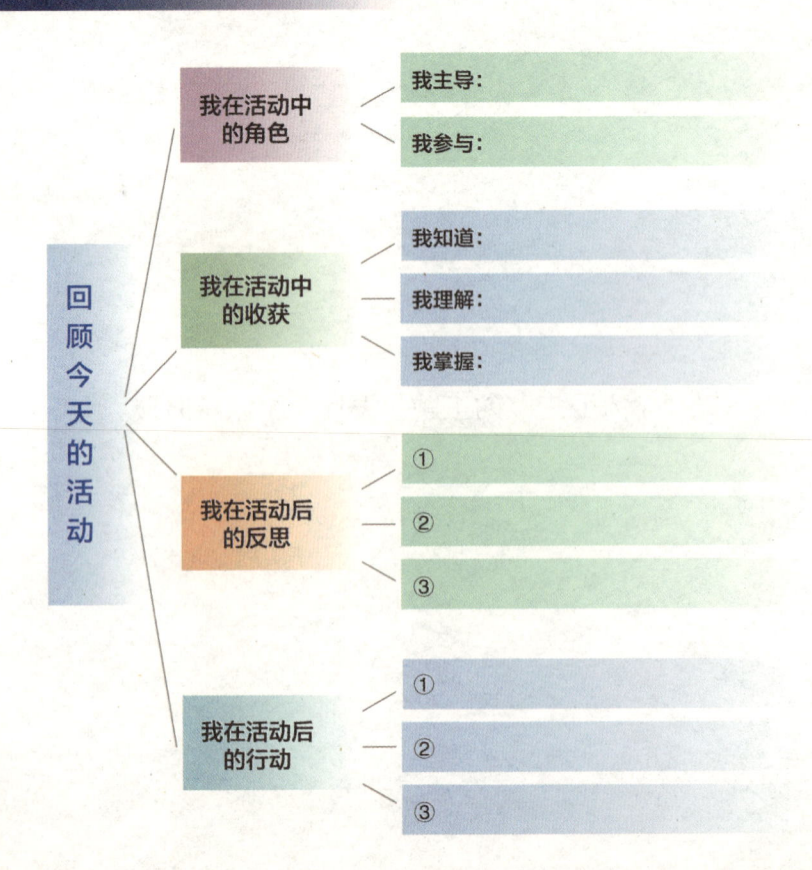

回顾今天的活动
- 我在活动中的角色
  - 我主导：
  - 我参与：
- 我在活动中的收获
  - 我知道：
  - 我理解：
  - 我掌握：
- 我在活动后的反思
  - ①
  - ②
  - ③
- 我在活动后的行动
  - ①
  - ②
  - ③

活动延伸

请同学们阅读书籍《公共卫生、个人卫生及居家卫生》(中国科学技术大学出版社)。

《公共卫生、个人卫生及居家卫生》是关于卫生基本知识的读本，重点介绍了我们在日常生活和居家环境中需要贯彻的卫生原则，以及如何贯彻这些卫生原则，旨在能够帮助广大读者从书中得到启示，在未来的生活中以卫生原则作为守卫家人健康的首要要素。

活动 27　公共卫生，长抓不懈

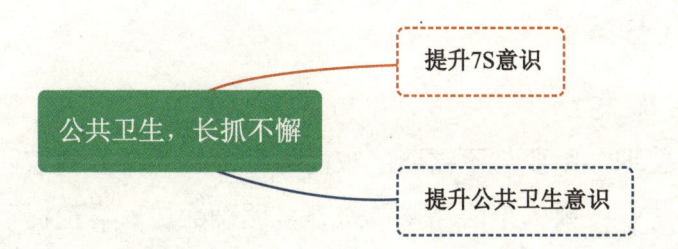

公共卫生，长抓不懈
- 提升7S意识
- 提升公共卫生意识

活动目标

1. 学习7S内容，正确认识公共卫生不良行为。
2. 了解公共卫生的范围和内容，在活动中学习提升卫生素养。
3. 养成爱护校园公共卫生的习惯。

活动探究

❋ 情境导入

案例一：某校一名毕业生去求职，因自身条件出色，公司人事表示录用机会大。该毕业生得知后很开心，将使用过的纸巾随手扔在桌子上，结果她没被录用，该毕业生失落地哭了，顺手又将擦泪的纸巾扔到了地板上，主管将其拾起放入纸篓。

案例二：某职校焊接实训车间，临近下课，教师指挥学生收拾材料、用具，学生张鑫（化名）和王冰（化名）在车间内打闹，教师发现后及时批评制止，并让他们尽快站到同学们的队伍中去。两名学生趁教师专注清点器械之际，伺机偷偷继续打闹，张鑫不小心摔倒，被旁边的铁板割破上臂，教师与同学及时将张鑫送到医院缝了10针。

学生思考

1. 通过以上案例结合所学专业和7S内容找出四种你认为对你最有帮助的卫生知识。

2. 以小组为单位，用手机拍下校园内不符合7S内容标准的地方，上课前一天以图文结合的方式交给教师进行汇总。

知识探究

什么是7S？

1. 整理：需要与不需要的东西要区分，不必要的东西要处理。
2. 整顿：要的东西需摆放整齐，明确数量，清楚标示。
3. 清扫：创造干净的环境，防止污染发生。
4. 清洁：保持清洁的环境。
5. 素养：养成文明礼貌的习惯。
6. 安全：建立安全环境，做好危险品管制。
7. 节约：减少不必要的浪费，提升"节约、勤俭的品质"。

实施7S的目的：

1. 使每个人实施7S改善自我工作环境、提升工作效率。
2. 使每个人了解好的工作业绩需要优良的管理场地、管理环境。
3. 营造一个没有危险和没有污染的工作环境。
4. 减少现场的浪费、消除浪费和场地整洁。

活动体验

◆ 写 在卡片上写上 7S 对你最具实用性的内容。

◆ 动 每个小组在下列表格中最少写出四处校园内 7S 管理规范和不规范的场所。

校园内 7S 管理规范的场所	校园内 7S 管理不规范的场所
1	1
2	2
3	3
4	4
补充	补充
补充	补充
补充	补充
补充	补充

自主能力发展

纠 小组展示课前所拍摄的照片和视频，小组派代表上台展示课前拍摄的校园内 7S 管理不规范的场所，并进行情况说明，提出整改或防范措施。

活动回顾

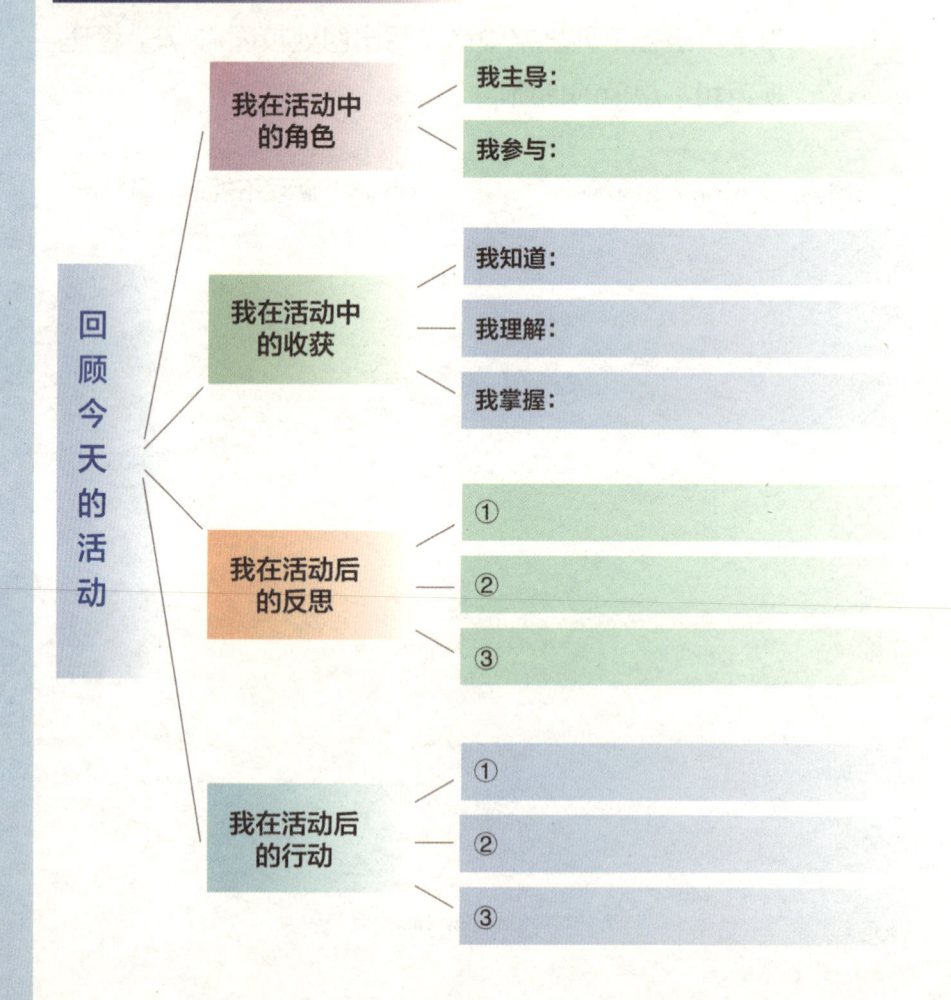

回顾今天的活动
- 我在活动中的角色
  - 我主导：
  - 我参与：
- 我在活动中的收获
  - 我知道：
  - 我理解：
  - 我掌握：
- 我在活动后的反思
  - ①
  - ②
  - ③
- 我在活动后的行动
  - ①
  - ②
  - ③

108

活动延伸

1. 请同学们以小组为单位，用手机拍下校园外你认为 7S 管理不规范的场所，并进行情况说明，提出整改或防范措施。

地点	情况说明	整改或防范措施

2. 与小组成员一起制作一个关注公共卫生的视频并撰写宣传活动方案。

活动 28　做情绪的主人

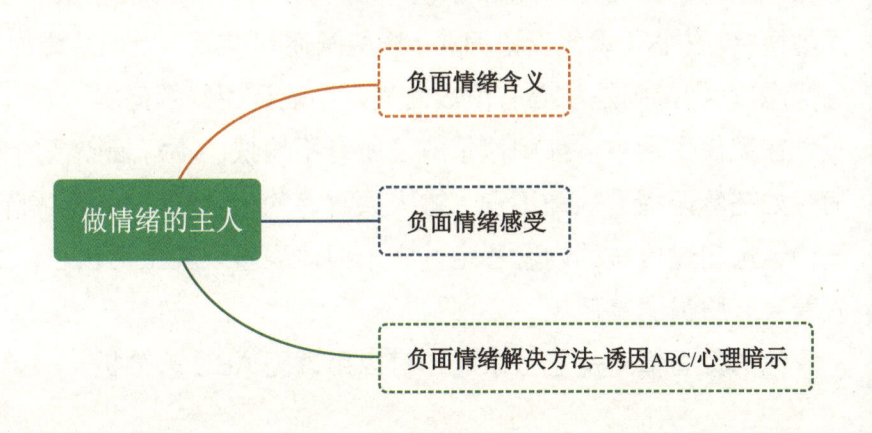

做情绪的主人
- 负面情绪含义
- 负面情绪感受
- 负面情绪解决方法-诱因ABC/心理暗示

活动目标

1. 认识负面情绪反应在表情中的状态。
2. 认识负面情绪产生的场景与情景，了解缓解负面情绪的方法。
3. 学会运用诱因 ABC、心理暗示法缓解负面情绪。

活动探究

情境导入

人有悲欢离合，月有阴晴圆缺。每个人都有心情高涨的时候，兴高采烈、欢欣鼓舞；也有情绪低落的时候，愁眉不展，低迷惆怅。情绪是我们每一个人都会有的心理体验。当我们处于负面情绪中，久久无法平静我们的心情时，我们要学会倾诉，自我开导，树立积极乐观的心态，不要让低落状态主导自己。

学生思考

1. 你曾经有过哪些负面情绪？
2. 当你处在负面情绪中时，你有怎样的身体感觉？

知识探究

《现代汉语词典》中"郁闷"一词的解释为"烦闷，不舒畅"。郁闷一般被认为是介于焦虑与抑郁之间的一种心理状态，是一种负面的情绪。依据《现代汉语词典》里的阐述，"焦虑"近似解释为"焦急忧虑"，抑郁则是"心有愤恨之气，不能诉说的烦闷"。

在现代生活中，郁闷似乎成了所有不愉快、不舒畅心情的代名词，如茫然无措、烦躁不安、被人误解等的代名词。如今"郁闷"一词远远超过传统的内容界定，它不但体现着现实生活状态，更反映着身心质量的高低。

你的负面情绪是怎么来的？可以用诱因 ABC 来分析。

```
[A 诱发性的事件：特定的情形或特定的人] → [B 你对A的思考和判断] → [C 你的感受和行为]
```

（1）A：诱发负面情绪的事件，包括特定的人、事、物及环境。

（2）B：你对 A 负面事件的思考与判断过程。

（3）C：通过对负面事件的思考与判断，最终产生的感受与行为。

那么，如何让自己有"更理性的选择"呢？

（1）反思自己的 C（感受和行为）：我的感受和行为是不是合适？

（2）认真审视自己的 B（你对 A 的思考与判断）是怎么把自己弄成了 C 的样子。从 3 个方面审视：关于自己、关于他人、关于这种情形。

（3）用什么样的方法来替代非理性思维？

活动体验

动 请同学们分组模拟茫然、孤独、无聊、烦闷、生气等表情，谈谈你做这个表情的感受。

写 回忆自己曾经有过的负面情绪，并思考改善的方法？

郁闷方向	郁闷的情景	改善的方法
学习（有或无）		
生活（有或无）		
人际关系（有或无）		
家庭（有或无）		
其他（有或无）		

◆ 讲　每组派一名代表上台，讲述自己曾有的负面情绪与改善的方法（一种积极的情绪可以替代或缓解负面的情绪，积极行动可以调动积极情绪）。

◆ 听　我的未来不是梦。

播放歌曲《我的未来不是梦》。

◆ 读　积极朗诵我能行。

接受自己目前的状态，用积极的自我暗示来增强信心，找到环境发生的变化和自身需要调整的地方，立即行动，你的坚持会带给你成长！

请大家一起来朗读下面的六句话：

当你觉得全世界都对不起你，别人看见的就是刺猬般的你。

当你觉得天使们都停在你的肩膀上，别人看见的就是万丈光芒的你。

当你觉得沮丧失落、情绪低迷，别人看见的就是不值得托付的你。

当你觉得自在昂扬、充满信心，别人看见的就是值得相信的你。

当你觉得没有人会来爱你，别人看见的就是可怜兮兮、毫无魅力的你。

当你觉得恩宠怀希望无限，别人看见的就是明亮灿烂、风华绝代的你。

活动 28

活动回顾

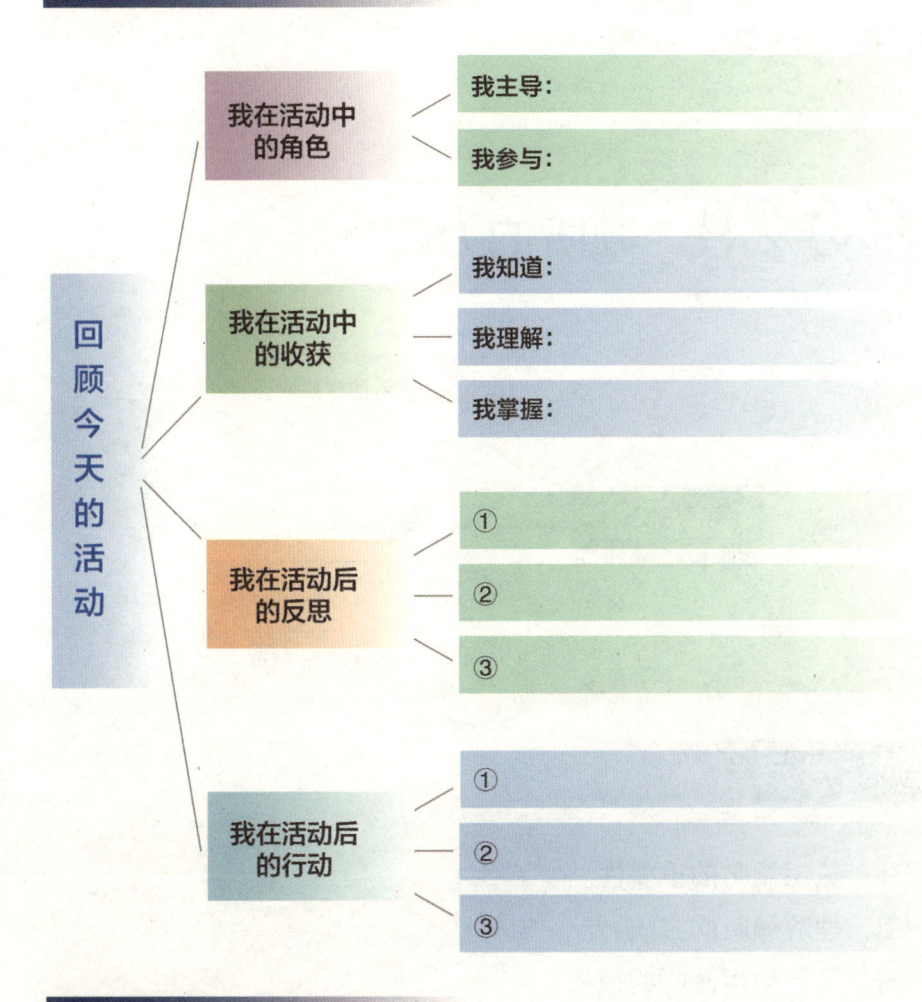

- 回顾今天的活动
  - 我在活动中的角色
    - 我主导：
    - 我参与：
  - 我在活动中的收获
    - 我知道：
    - 我理解：
    - 我掌握：
  - 我在活动后的反思
    - ①
    - ②
    - ③
  - 我在活动后的行动
    - ①
    - ②
    - ③

活动延伸

请同学们阅读书籍《终身成长》(江西人民出版社)

《终身成长》是斯坦福大学心理学教授卡罗尔·德韦克数十年研究成果的总结，更是心理励志的经典著作。它颠覆了传统成功学观念，认为成功不在于先天，不靠外在，关键在于思维模式：是满足于现有成果、避免可能失败的固定型，还是以努力为豪、寻求挑战机会的成长型，决定了你能在成功路上走多远。

2. 请同学们观看视频《怎样学会控制自己的情绪》。

情绪与生俱来，高兴的、悲伤的、愉悦的、痛苦的等。人的一

自主能力发展

生都在经历着不同的情绪，在各种情绪中轮回。情绪会影响我们的外在行为，同样也会影响我们内在心理。如何控制自己的情绪，是值得每一个人思考的问题。

活动 29　倾听的力量

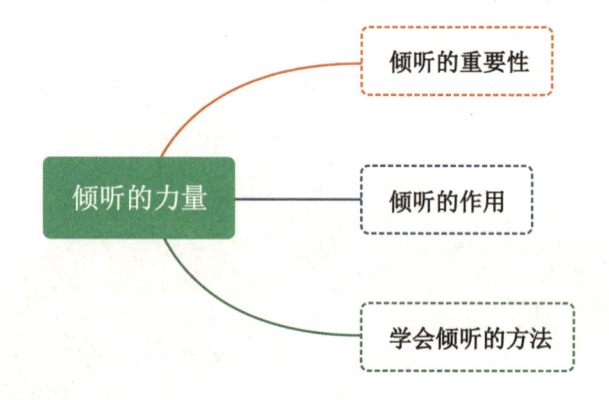

```
                    ┌─ 倾听的重要性
        倾听的力量 ──┼─ 倾听的作用
                    └─ 学会倾听的方法
```

活动目标

1. 认识倾听的重要性。
2. 理解倾听的方法。
3. 学会运用倾听的技巧。

活动探究

✦ 情境导入

观看下面的繁体字，并回答问题。

聽

学生思考

1. 上面的字你认识吗？它是什么字？
2. 你认为这个字，有哪些象征意义？

知识探究

倾听是一种情感需求，也是重要的心理品质。学会倾听能从情感上敏锐而亲切地感受别人的思想与感情，懂得换位思考可以与他人建立良好的沟通关系。

如何做到良好的倾听呢？下面介绍几个要点。

1. 关注——用眼睛关注说话的人，把注意力始终集中在谈话人的内容上。不要打断说话者，在对方未提问时，不要随意发表自己的看法。

2. 接纳——用点头、微笑表示理解对方的想法，如有不赞同的观点，仍要学会接纳对方的感受，保持尊重对方的态度。可适当加入短语，如"是吗？""我明白了？""原来是这样！"等。

3. 深入设问——学会尊重对方的感受，适当复述对方的意见，或恰当提出设问，鼓励、肯定谈话者，帮助其完成叙述。如"后来怎样呢？""既然这样，你打算怎么办？"

4. 耐心——谈话者内容较多、发言较长，不要轻易打断对方、发表自己的看法，等别人说完后，再表达自己的意见。如"我认为""我想补充说明"等比较温和的方式参与沟通交流。

总之，倾听需要保持"五心"，即诚心、专心、用心、耐心、应心。

活动体验

动 我们来做"传声筒"。

每组随机抽取一句话，看看哪组又快又准。第一位同学记住抽取的句子，听到"开始"后，小声传给身后的同学，后面的同学依

自主能力发展

次传递给下一位同学,最后一位同学把听到的话写下来。

可参考句子:

1. 学会倾听才会有真正的朋友。
2. 倾听是良好沟通的关键。
3. 倾听是了解世界的重要途径。
4. 倾听能让你受到他人的欢迎。
5. 倾听是一种平等与开放的交流。

每组由一名同学交流与分享:

1. 本组成功或失败的经验是什么?
2. 完成这个游戏,你有什么感受?

画 你说我画

两人一组,一人说、一人绘制图形。

1. 说的同学,用声音提示绘制的同学。
2. 绘制的同学,蒙住或闭上眼睛,在同伴的指导下在空白纸张上绘制图形。
3. 完成这个游戏,你有什么感受?

演 谁来听我说

每组派一名同学上台表演小短剧,参考内容如下(可根据情景改变):

叙述人:我是一位篮球迷,星期天的篮球比赛,某队取得胜利,我一直很喜欢我的偶像,他拿下全场 34 分,表现非常出色,我想把这个好消息告诉同学们。

情景 1:刚进校门,我就遇到某位同学,我拍着同学的肩膀说:"昨天篮球比赛某队赢了,我的偶像表现神勇。"同学很不耐烦地打断我的话:"我已经都知道了,可以说点新鲜事情吗?"我压抑内心情绪,闷闷不乐地走了。

情景 2:在食堂门口,我遇到第二位同学,我上前说:看了昨天的篮球比赛吗?"没有,结果怎么样?"该同学一边吃东西,一边玩手机,似乎在应付我。"你怎么可以这样,我都没有心情讲了。"该同学大声说:"不说就不说,反正我无所谓。"

情景3:走进教室,第三位同学正在做作业,我走上前对他说:"昨天的篮球比赛你看了吗?""嗯"第三位同学点头。之后我的每句话,他都点头赞同,最后我开心地问:"你觉得我偶像打的如何?""你刚刚在说什么?"看着一脸茫然的同学,我顿时失去谈话的兴趣。

情景4:自拟情景,如果换成你,你会如何倾听?

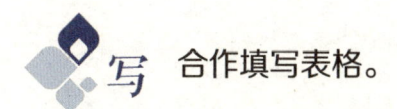

◆ 写　合作填写表格。

1. 填写表格:小组合作,完成表格。内容填写尽可能全面、详细。

2. 小组完成表格之后,每组派一名代表发言。在小组发言时,学生根据小组发言把相应的内容补充在自己的表格中。

参考表格如下。

	不良倾听行为	良好倾听行为
眼神	如:东张西望	
表情		
动作		
言语		

117

活动回顾

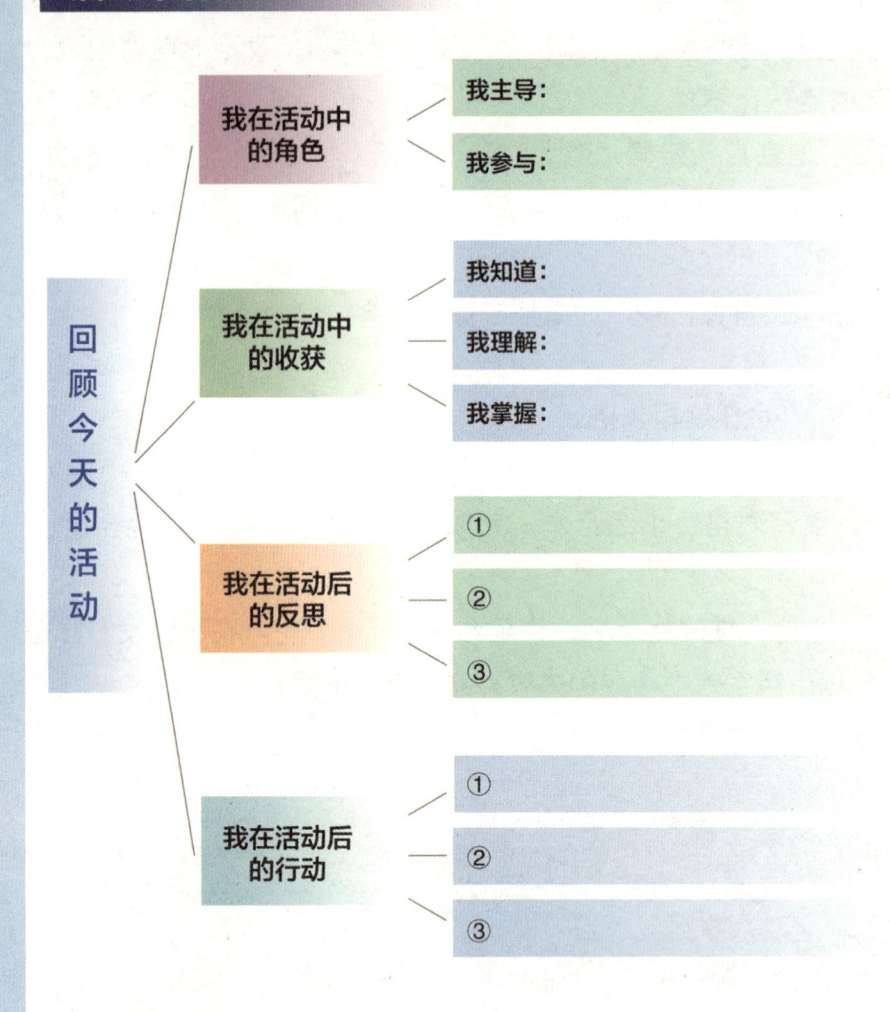

回顾今天的活动
- 我在活动中的角色
  - 我主导：
  - 我参与：
- 我在活动中的收获
  - 我知道：
  - 我理解：
  - 我掌握：
- 我在活动后的反思
  - ①
  - ②
  - ③
- 我在活动后的行动
  - ①
  - ②
  - ③

活动延伸

请同学们阅读书籍《谁动了我的奶酪》（中信出版社）。

《谁动了我的奶酪》是由美国作家斯宾塞·约翰逊所著，自出版以来被全世界广大读者所喜爱。本书内容短小精悍，却充满了人生中有关变化的寓意深长的真理。它描绘了四只住在"迷宫"里的老鼠，它们竭尽所能地在寻找能滋养它们身心、使它们快乐的"奶酪"的过程。

活动 30　勤加锻炼，强健体魄

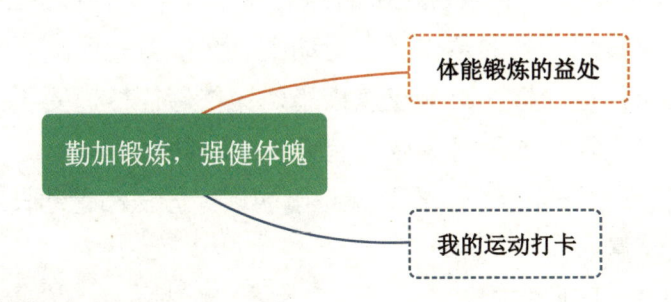

```
勤加锻炼，强健体魄 ─── 体能锻炼的益处
              └── 我的运动打卡
```

活动目标

1. 认识体能锻炼的益处。
2. 学会运用正确的运动方式运动，提升体能。
3. 增强运动意识，养成运动的习惯，促进身心全面发展。

活动探究

情境导入

我们可以选择自己喜欢的体育运动来增强身体体质，丰富闲暇时光。长期进行体育锻炼的人在精神上会显现一种积极向上的状态。体育运动也锻炼了人的意志。生命源于运动。良好的身体素质是生活的重要保障。锻炼对身体健康起到很关键的作用，能让人保持年轻的状态。钟南山院士就是一个很好的例子。在接受媒体采访时，镜头前的钟南山身材挺拔健硕、精神矍铄，充满活力和激情，身体状态丝毫不逊色于身旁的年轻人，让人无法将其与 83 岁的年龄联系在一起。而这一切都得益于他几十年如一日的锻炼。

学生思考

1. 你知道哪些名人的运动故事？
2. 你每天的运动量是多少？

自主能力发展

3. 你擅长的体育运动是什么？参与的频率怎么样？

❋ 知识探究

我们可以选择自己喜欢的体育运动来增强身体体质，丰富闲暇时光。长期进行体育锻炼的人在精神上会显现一种积极向上的状态。体育运动也锻炼了人的意志。在运动中，我们常常因缺乏一定的运动训练知识和运动损伤时的应急措施，受伤后往往遭受不必要的痛苦。通过以下几个方面可以做到有效预防和处理。

1. 训练方法要合理。要掌握正确的训练方法和运动技术，科学地增加运动量。

2. 准备活动要充分。

3. 注意间隔放松。在训练中，每组练习之后为了更快地消除肌肉疲劳，防止由于身体局部负担过重而引起的运动损伤，组与组之间的间隔放松非常重要。

4. 加强易拉伤部位肌肉的练习。据统计，在运动实践中，肌肉、韧带等软组织的运动损伤最为多见。因此，加强易伤部位的肌肉练习，对于防止损伤的发生具有十分重要的意义。

活动体验

动 体能活动：掰手腕。

活动要求：两名学生在讲台进行掰手腕活动，胜利者表演俯卧撑、平板支撑。

全班同学逐个跳舞，选出跳得最有特色的同学分享自己的跳舞感受。

说 与同学说说你所知道的运动项目及给身体带来的好处，并填写在卡片上。

运动项目	给身体带来的好处

写 在表格中写下你喜欢或擅长的运动项目及原因。

喜欢或擅长的运动项目	喜欢或擅长该运动项目的原因

动 结合你喜欢或擅长的运动项目，编制周期运动计划表。

时间				
运动项目				

活动回顾

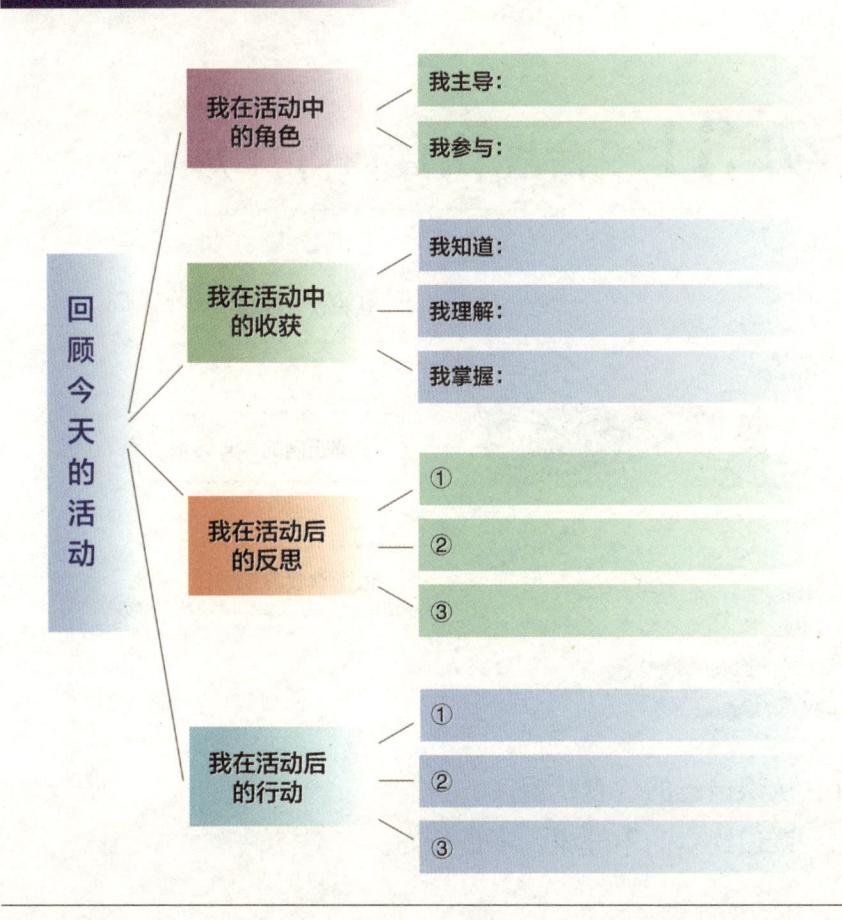

回顾今天的活动
- 我在活动中的角色
  - 我主导：
  - 我参与：
- 我在活动中的收获
  - 我知道：
  - 我理解：
  - 我掌握：
- 我在活动后的反思
  - ①
  - ②
  - ③
- 我在活动后的行动
  - ①
  - ②
  - ③

活动 30

活动延伸

1. 请同学们观看电影《夺冠》。

《夺冠》讲述了中国几代女排人在体育界历经浮沉却始终不屈不挠、不断拼搏的传奇经历。

2. 编制锻炼打卡计划。做记录可以帮助你坚持健身计划,以星期为单位,记录下你所有的健身活动。如果对某些练习感到厌倦,可以换一些新的、有趣的练习。此外,要根据天气、设施条件及个人情况的变化对健身计划做出调整。

日期						
运动强度						
运动时间						

活动 31　合理饮食,健康成长

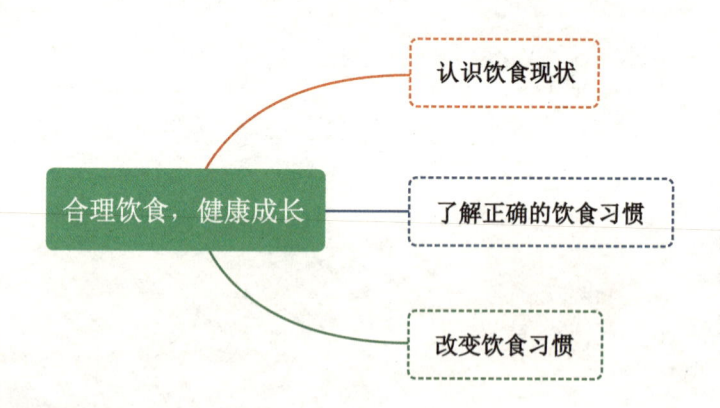

合理饮食,健康成长
- 认识饮食现状
- 了解正确的饮食习惯
- 改变饮食习惯

活动目标

1. 认识自己的饮食状况。
2. 认识饮食的不健康、不良行为。

3. 学会运用平衡膳食改善饮食习惯。

活动探究

情境导入

曾有一起罕见病例引发了医学界的高度关注：一名少年因饮食"极度挑剔"、仅热衷于少数高热量食物，年仅 17 岁就因严重的营养不良而失明、失聪。这名少年自小学时代起就整天只吃薯条、薯片、香肠和加工火腿等高热量食品，主食只吃白面包，几乎不碰蔬菜和水果。因饮食习惯长期不健康，他的身体早在 14 岁那年就已出现了问题，时常感到疲倦和乏力；一年后，这名少年的病情加重，听力和视觉开始衰退。

学生思考

1. 说一说你一日三餐都吃些什么。
2. 你知道哪些是"垃圾食品"吗？
3. 你身上是否存在某些不良的饮食习惯？

知识探究

1. 了解自己的营养状况。

用下面公式衡量自己的营养状况：

计算方法	评价指标		
体重/身高的平方（kg/m^2）	营养不良	正常	营养过剩
	<18.5	18.5～25	>25

国际上常用的人的标准体重计算公式：

标准体重（男）=(身高 cm−100)×0.9(kg)−2.5(kg)

标准体重（女）=(身高 cm−100)×0.9(kg)−2.5(kg)

正常体重：标准体重 ± 10%

2. 健康的饮食

中国居民平衡膳食宝塔（2016）[①]

盐	<6克
油	25~30克
奶及奶制品	300克
大豆及坚果类	25~35克
畜禽肉	40~75克
水产品	40~75克
蛋类	40~50克
蔬菜类	300~500克
水果类	200~350克
谷薯类	250~400克
全谷物和杂豆	50~150克
薯类	50~100克
水	1500~1700毫升

每天活动6000步

保证每日三餐，按时进餐。

不挑食，不暴饮暴食。

每餐食品合理搭配，饮食多样化。

早、中、晚三餐比例为3∶4∶3。

活动体验

请同学们扫描二维码完成学生饮食与健康问卷调查表，要求同学们根据实际情况认真填写。

学生饮食与健康问卷调查表

---

① 摘自中国疾病预防控制中心。

教师公布调查数据，学生进行分析讨论发现了哪些问题。学生主动提出自己的想法，教师及时给予评价。在讨论与分析中学习营养与健康常识。

辨 辨一辨（对的打"√"，错的打"×"）。

1. 我们要多吃瘦肉，因为瘦肉没有脂肪。（   ）
2. 我们要多喝纯净水，因为既干净又卫生。（   ）
3. 要想长寿多吃素，多食植物油。（   ）
4. 我们要多吃水果，因为水果好吃，而且它比蔬菜的营养好。（   ）

说 说一说。

① ② ③ ④
⑤ ⑥ ⑦ ⑧
⑨ ⑩ ⑪ ⑫
⑬ ⑭ ⑮

说一说哪些是可经常食用的食物：_____

说一说我们该如何对待垃圾食品：_____

自主能力发展

◆ 动　制定食谱。

制定要求：完成一周健康食谱的制定。

例如：早餐：牛奶、豆沙包。

　　　中餐：米饭、炒玉米胡萝卜鸡丁、海带排骨汤、时蔬。

　　　加餐：小蛋糕 2 个。

　　　晚餐：馄饨、苹果。

活动回顾

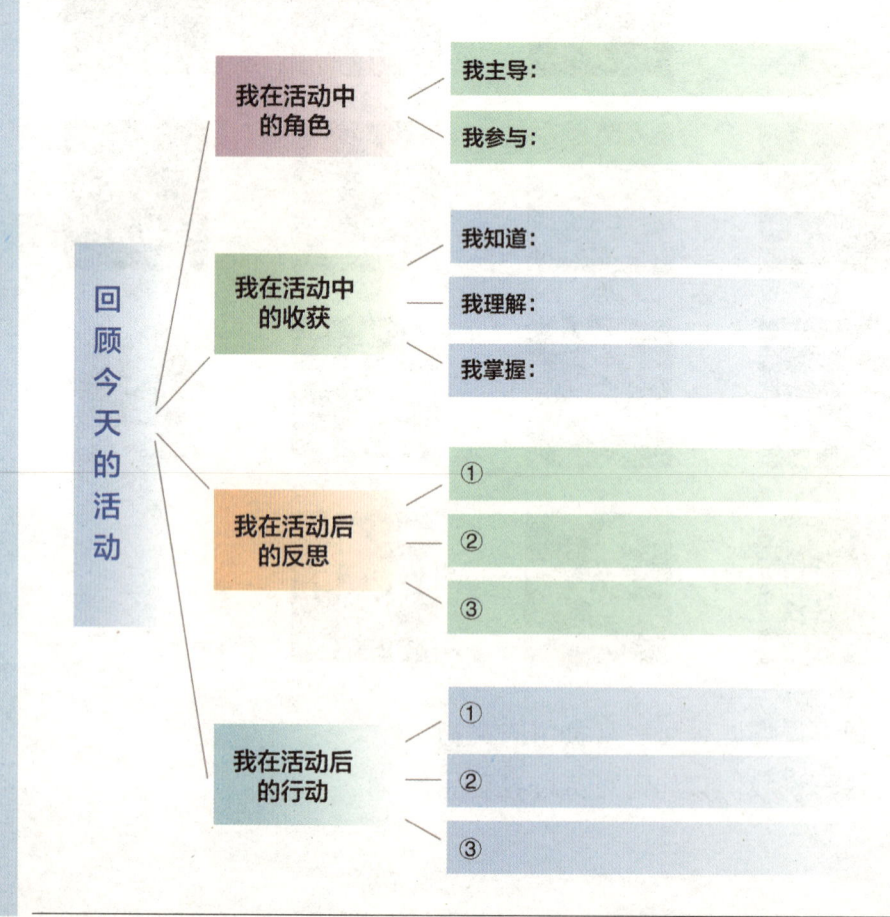

回顾今天的活动
- 我在活动中的角色
  - 我主导：
  - 我参与：
- 我在活动中的收获
  - 我知道：
  - 我理解：
  - 我掌握：
- 我在活动后的反思
  - ①
  - ②
  - ③
- 我在活动后的行动
  - ①
  - ②
  - ③

126

活动延伸

1. 请同学们结合平衡膳食计划，通过网络查找 1～2 道自己喜爱的菜肴的做法，在家人指导下完成，并与家人分享，最后将制作步骤做成教程，填入下表中。

菜名：
配料：
制作流程：
自我评价：

2. 经过一周的观察，请你对学校食堂的饮食安排提出恰当的建议。全班同学共同商讨饮食搭配建议，将可行的建议整理成书面文件交给班主任。

活动 32　我的人生我做主

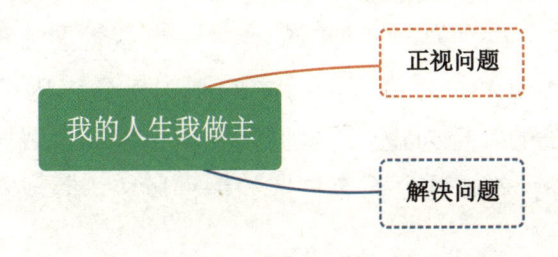

```
                    ┌─────────┐
                  ┌─┤ 正视问题 │
   ┌──────────┐   │ └─────────┘
   │我的人生我做主├──┤
   └──────────┘   │ ┌─────────┐
                  └─┤ 解决问题 │
                    └─────────┘
```

活动目标

1. 了解自我管理的主要内容。
2. 学会从客观角度正确审视自己，反思自我管理方面存在的问题。
3. 能够在自我审视中找到解决问题的办法，树立自我管理的良好意识。

活动探究

情境导入

案例一：有一个人晚上开着车，经过一个十字路口，这时黄灯已转成红灯，他心想反正没车，于是加速冲了过去，结果被警察拦了下来。警察问他："你没看到红灯吗？"他答："有啊！"警察又问："那你怎么还闯红灯啊？"他说："因为我没有看到你呀！"

案例二：本杰明·富兰克林出身贫寒，只念了2年书就不得不在印刷厂做学徒。但他刻苦好学，勤勉努力，成为18世纪美国最伟大的科学家和发明家。富兰克林是个普通人，他是怎样走向成功之路的呢？富兰克林成功的秘诀是什么呢？答案就是他善于自我管理。

学生思考

1. 看完上面的案例，你有什么感想？
2. 联系前面所学的知识，总结自我管理主要包括哪些方面？反思自己在自我管理方面存在哪些问题？

知识探究

自我管理又称为自我控制，是指利用个人内在力量改变行为的策略，以减少不良行为、增加好的行为。自我管理注重的是一个人的自我教导及约束的力量，即行为的制约是通过内控的力量（自己），而非传统的外控力量。同学们需要通过培养自我管理的意识和习惯来促进自我养成独立而有自信的精神风貌，养成不断追求卓越的优秀品质。

活动 32

活动体验

思 请根据提示填写空白处。

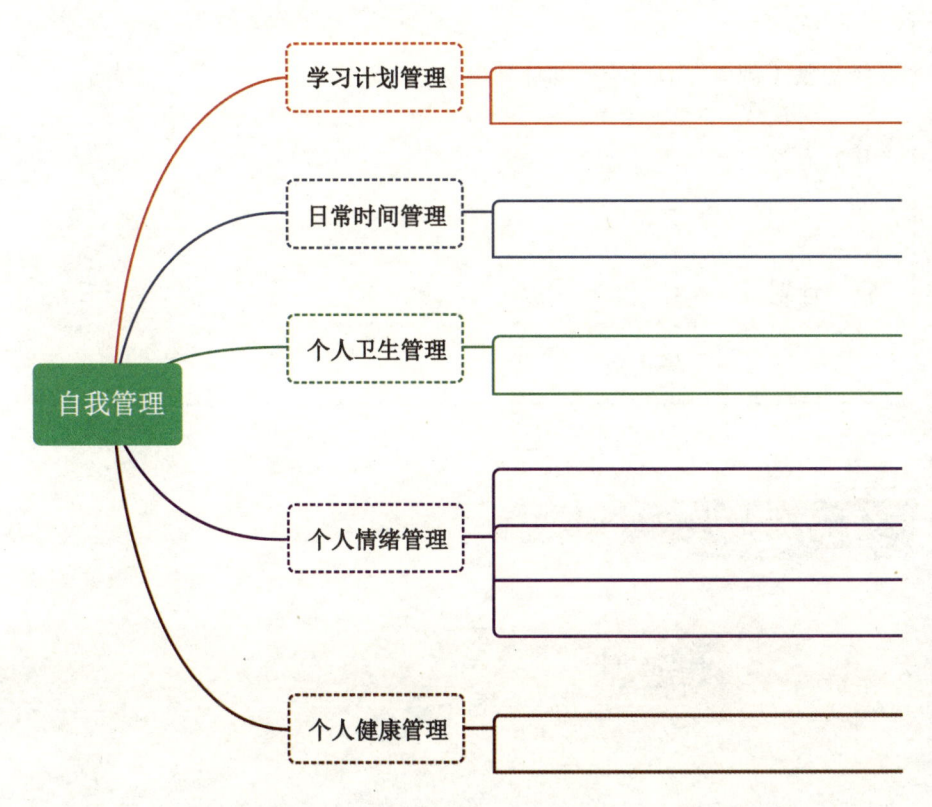

```
自我管理
├── 学习计划管理
├── 日常时间管理
├── 个人卫生管理
├── 个人情绪管理
└── 个人健康管理
```

写 填写近期发生在你身上的一件事,可以是学习计划、时间管理、个人卫生、个人情绪、个人健康方面的,任选其一。

主题:	
时间:	地点:
人物:	用时:
概况简述:	
回顾目标(目的与阶段性目标):	

129

自主能力发展

评估结果（亮点与不足）：

分析原因（成败原因）：

总结经验（规律、心得与行动计划）：

规律、心得：

行动计划：
- 开始做
- 继续做
- 停止做

活动回顾

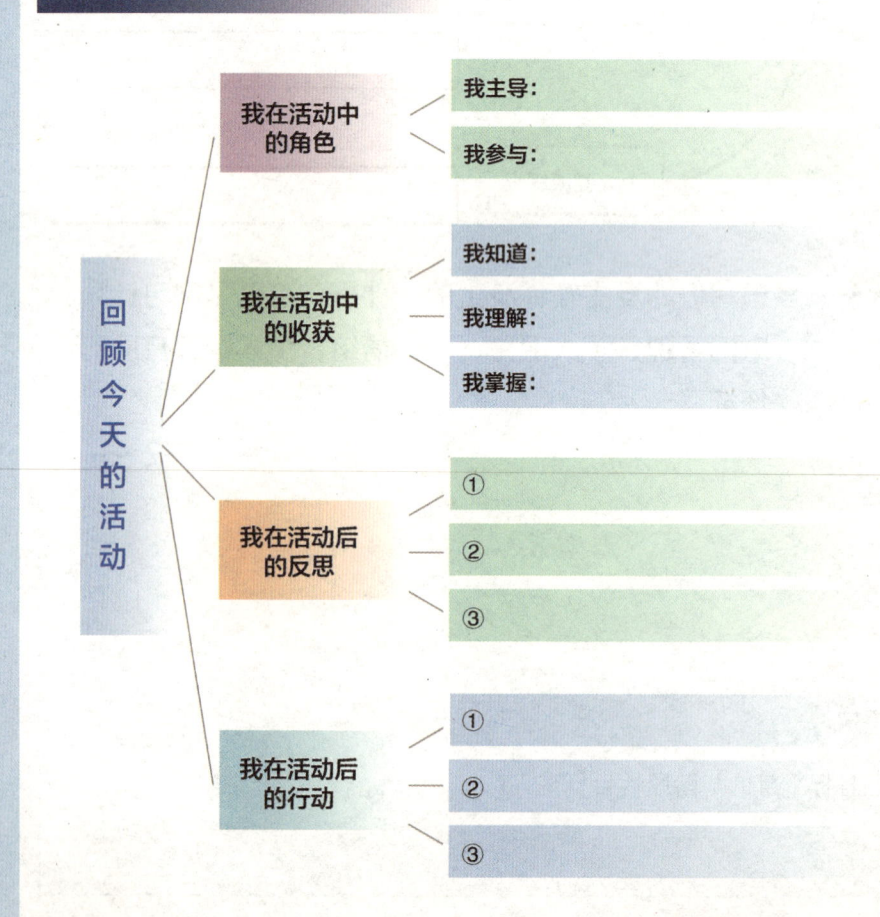

回顾今天的活动
- 我在活动中的角色
  - 我主导：
  - 我参与：
- 我在活动中的收获
  - 我知道：
  - 我理解：
  - 我掌握：
- 我在活动后的反思
  - ①
  - ②
  - ③
- 我在活动后的行动
  - ①
  - ②
  - ③

活动延伸

请同学们阅读书籍《番茄工作法图解》（人民邮电出版社）。

《番茄工作法图解》的作者是诺特伯格（瑞典人），他不是番茄工作法的发明者，而是番茄工作法的深度爱好者和实践者。番茄工作法意在让同学们驻足、观察、醒悟，并在此过程中改进自我。时间不再是绷紧的弦，反而变成同盟战友，帮我们将100%的心智专注在当下，避免不必要的压力和负担。使用番茄工作法，你将学会微笑达成目标，做强者而无须逞强用力。

活动33　构筑心灵防火墙

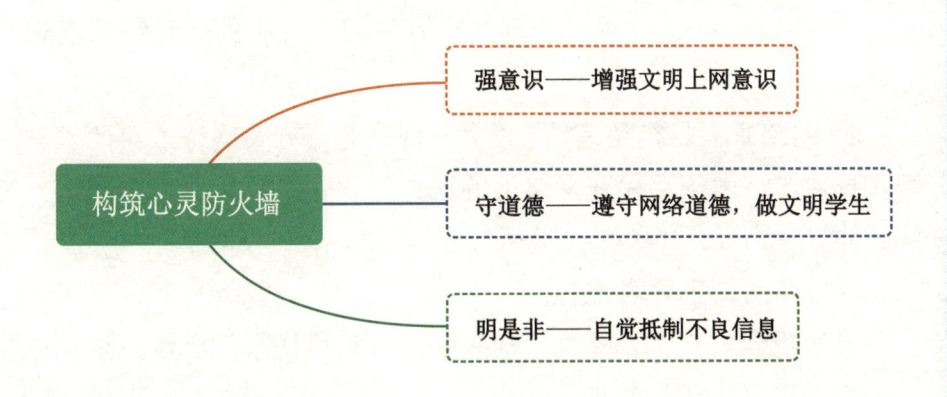

```
                    ┌─ 强意识——增强文明上网意识
构筑心灵防火墙 ─────┼─ 守道德——遵守网络道德，做文明学生
                    └─ 明是非——自觉抵制不良信息
```

活动目标

1. 引导学生明辨是非，正确对待网络资源。

2. 增强上网的文明意识和安全意识，自觉构筑抵制不良信息冲击的"防火墙"。

3. 正确认识网络环境对自身生活的意义及影响，呼吁学生文明、健康上网。

活动探究

✺ 情境导入

QQ 和微信已然成为国内知名的社交软件，通过私信和群聊织成了一张覆盖全国甚至全球的社交网。不知道大家有没有这样的经历：加入某群并热情地与陌生人聊天，却被群员辱骂，甚至因为一句别人不爱听的话就被移出群等。

✺ 学生思考

1. 请用一句话总结上述案例。
2. 如果遇到上述情形，你应该怎样处理？

✺ 知识探究

1. 网络道德是传统道德规范在互联网环境中的一种特殊表现方式。

2. 网络暴力是指用言语、图片、视频等形式在网络上对他人进行人身攻击，属于网民在网络上的暴力行为，是社会暴力在网络上的延伸。

网络暴力的主要表现有：

（1）用语言文字、图片、视频等对人进行伤害与诬蔑；

（2）将个人隐私公布于众；

（3）破坏了当事人的工作、学习和生活秩序。

为增强青少年自觉抵御网上不良信息的意识，共青团中央、教育部、文化部、国务院新闻办、全国青联、全国学联、全国少工委、中国青少年网络协会向社会发布了《全国青少年网络文明公约》。

要善于网上学习，不浏览不良信息；

要诚实友好交流，不侮辱欺诈他人；

要增强自护意识，不随意约会网友；

要维护网络安全，不破坏网络秩序；

要有益身心健康，不沉溺虚拟时空。

任何人都应该为自己的行为负责。网络也不应该是法外之地，任何人在网络上的行为不应该没有法律约束。自由的底线是不损害他人正当合法权益，更没有违法乱纪的自由。

我们可以先从好好说话开始，不伤害人，不攻击人，不说狠话，不说恶语，给别人一个安慰、一点理解、一次鼓励，你输出的正能量，完全可能回报到自己身上！

活动体验

测 学生网络道德问卷调查。

非常感谢你抽出宝贵时间参与我们的调查，这个调查的内容完全保密，你不需要填写姓名，我们将从调查中统计我班学生网络道德的数据，从而发现问题，再次谢谢你的合作。

说 请说说当虚拟网络与社会现实发生冲突时，你怎么办？

比对的内容	你的答案
你能控制住自己不在上课时间聊天、玩游戏？	
你能在上网时不攻击他人吗？	
你能承诺不在网上进行赌博活动吗？	

你会在网络上随意透露家庭信息吗？	
你会怎样对待网上的谣言或假消息？	

活动回顾

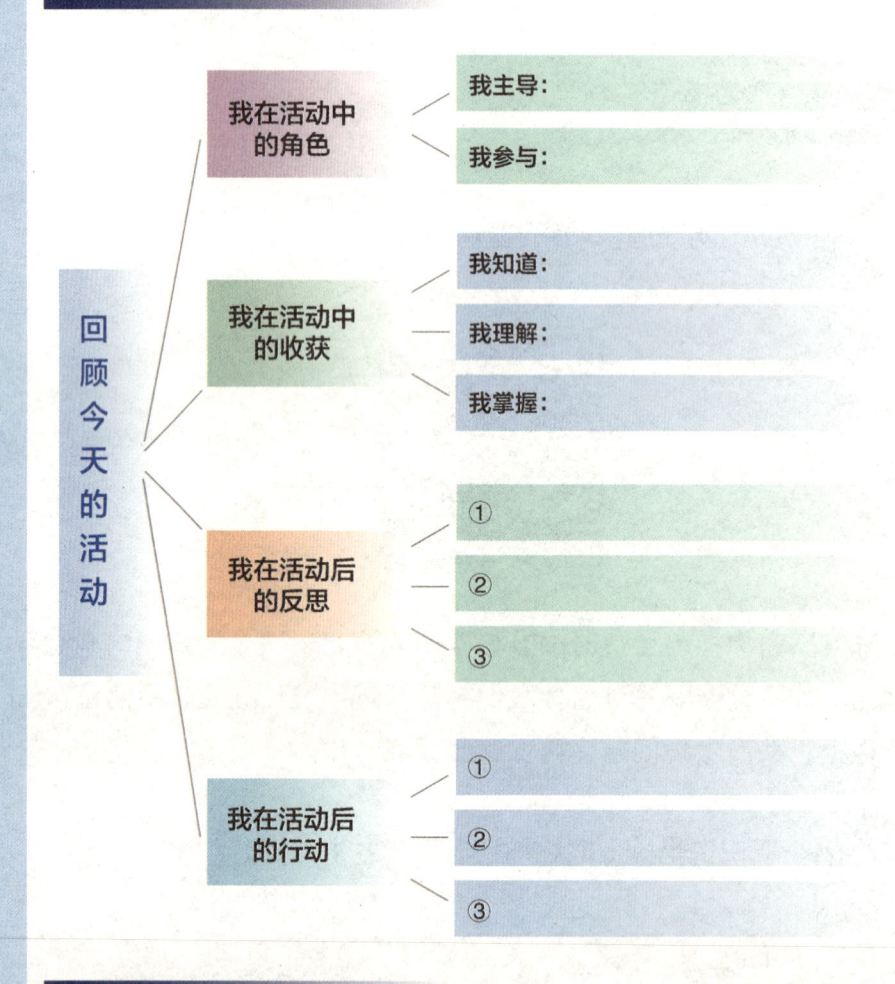

回顾今天的活动
- 我在活动中的角色
  - 我主导：
  - 我参与：
- 我在活动中的收获
  - 我知道：
  - 我理解：
  - 我掌握：
- 我在活动后的反思
  - ①
  - ②
  - ③
- 我在活动后的行动
  - ①
  - ②
  - ③

活动延伸

1. 请同学们通过小组讨论，制作一份"班级网络文明公约"。
2. 知识拓展："国家网络安全宣传周"。

从 2014 年开始，为了宣传"共建网络安全，共享网络文明"，我国把每年 9 月第三周设立为"国家网络安全宣传周"，宣传围绕金融、电信、电子政务、电子商务等重点领域和行业网络安全问题，针对社会公众关注的热点问题，举办网络安全体验展等每年选取不同的主题开展系列宣传活动，营造网络安全人人有责、人人参与的良好社会氛围。2020年"国家网络安全宣传周"于9月14日至20日在全国范围内开展，宣传活动的主题是"网络安全为人民，网络安全靠人民"。

活动 34　网络诈骗，学会应对

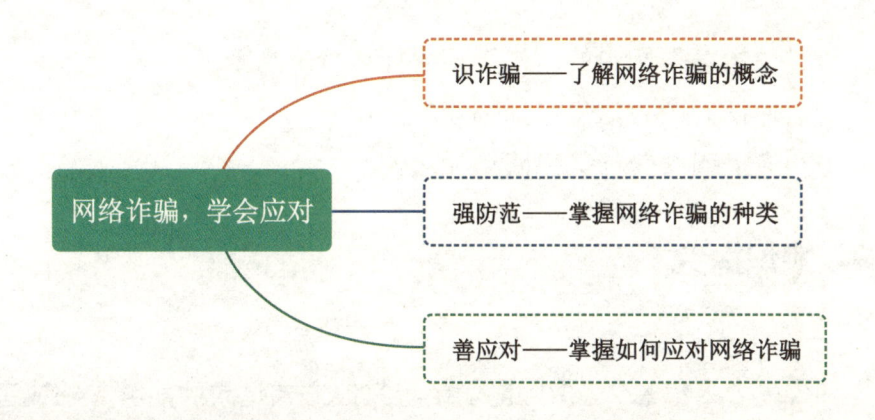

网络诈骗，学会应对
- 识诈骗——了解网络诈骗的概念
- 强防范——掌握网络诈骗的种类
- 善应对——掌握如何应对网络诈骗

活动目标

1. 初步了解信息安全、网络诈骗的概念，学会重视个人信息安全、保护个人隐私。
2. 掌握如何保护个人信息。
3. 掌握网络诈骗的种类、方法和应对措施。

活动探究

情境导入

1. 手机泄密、防不胜防

2019年3·15晚会上就曾曝光一款通过Wi-Fi窃取他人隐私的"神器"——探针盒子。该盒子即"Wi-Fi探针"，能够基于Wi-Fi

探测技术，一目了然地获取 90 米范围内手机访客的个人信息，包括婚姻状况、收入、就业年限、教育程度等。

2. 某地一名新生李东（化名）收到不法分子发出的虚假中奖短信，并登录不法网站填入个人信息，该新生共汇款 9800 元。案发后，公安机关查明嫌犯三人的诈骗窝点。嫌犯首先使用软件群发虚假中奖短信，然后由窝点话务人员诱导受害人点击钓鱼网，以获取精确个人信息，再以各种理由诱骗受害人向嫌犯的账户汇款。

学生思考

1. 请思考案例中的新生李东为什么会上当？
2. 你认为个人信息包括哪些方面？
3. 请上网搜索什么是网络诈骗？

知识探究

一、个人信息

"公民个人信息"是指以电子或者其他方式记录的能够单独或者与其他信息结合识别特定自然人身份或者反映特定自然人活动情况的各种信息。

公民个人信息包括：姓名、身份证件号码、通信通讯联系方式、账号密码、家庭状况、财产状况、行迹等。

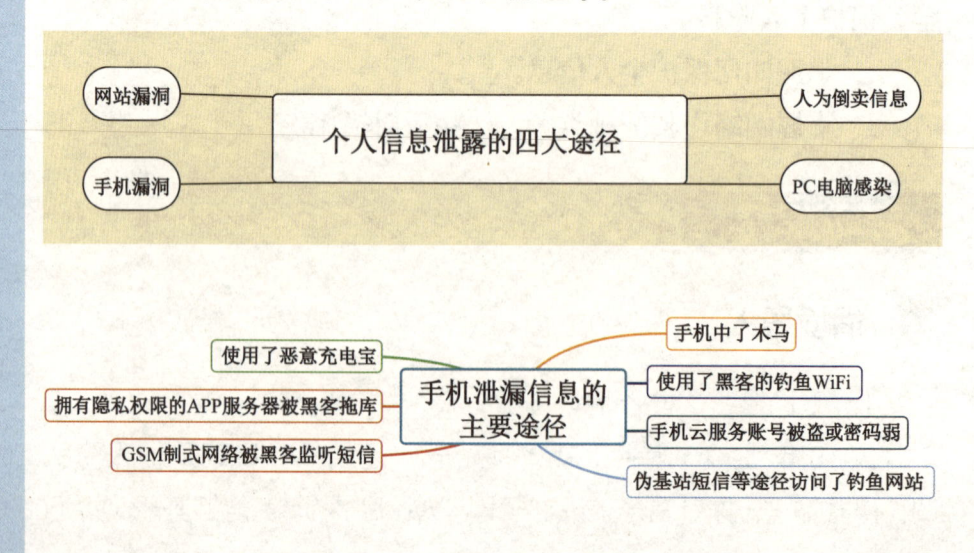

个人信息泄露的四大途径：
- 网站漏洞
- 人为倒卖信息
- 手机漏洞
- PC电脑感染

手机泄漏信息的主要途径：
- 使用了恶意充电宝
- 拥有隐私权限的APP服务器被黑客拖库
- GSM制式网络被黑客监听短信
- 手机中了木马
- 使用了黑客的钓鱼WiFi
- 手机云服务账号被盗或密码弱
- 伪基站短信等途径访问了钓鱼网站

二、网络诈骗类型：

1. 网络游戏交易诈骗；
2. 网络购物诈骗；
3. 网上中奖诈骗；
4. 网络钓鱼诈骗。

为提高网络诈骗预警劝阻效能，全国多地已开通诈骗预警电话，全国反诈中心统一预警专号"96110"。

最后强调：保住个人财产与信息，守住"三码"防诈骗——不随意泄露密码、验证码，不乱扫描二维码。另外，不随意下载 App。

活动体验

写 按照信息安全的要求，你是如何做的？

比对的内容	你的答案
你的银行卡密码、上网密码设置是否合理？	
你在上网时账号密码告诉过其他人吗？	
生活中你是否经常使用公共的 Wi-Fi 网络？	
你在微信朋友圈晒出过个人信息吗？	
你的身份证等证件如何保管？	

◆ 演　我来演—网络诈骗。

活动形式：以5人为一组进行创作表演，每组选择以下情景之一进行剧本创作及表演。

1. 网络游戏交易诈骗；
2. 网络购物诈骗；
3. 网上中奖诈骗；
4. 网络钓鱼诈骗。

表演要求：根据所选主题情景创作故事背景，并在情景剧中演绎出正确解决诈骗行为的方法。同时活动过后在表内写下心得体会。

我的剧本

我的感悟

活动 34

说 我来说说校园诈骗。

请同学们观看"校园谨防网络诈骗"视频后,思考如果你是视频中的主人公会如何处理?并结合情景案例谈谈你在现实生活中有效应对网络诈骗的方法。

活动回顾

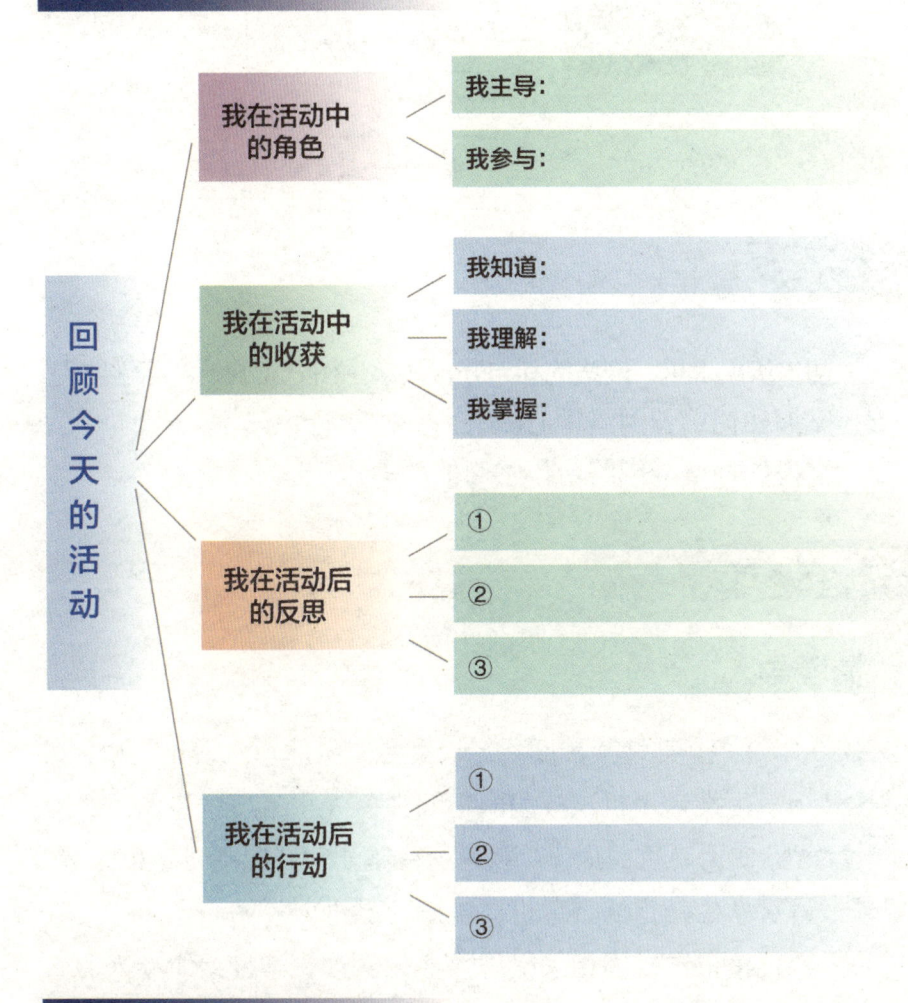

回顾今天的活动
- 我在活动中的角色
  - 我主导:
  - 我参与:
- 我在活动中的收获
  - 我知道:
  - 我理解:
  - 我掌握:
- 我在活动后的反思
  - ①
  - ②
  - ③
- 我在活动后的行动
  - ①
  - ②
  - ③

活动延伸

请同学们观看电影《巨额来电》。

《巨额来电》取材真实案件,讲述了派出所民警丁小田和卧底女特警小兔一起破获超级诈骗团伙的故事。

自主能力发展

活动 35　我与网络二三事

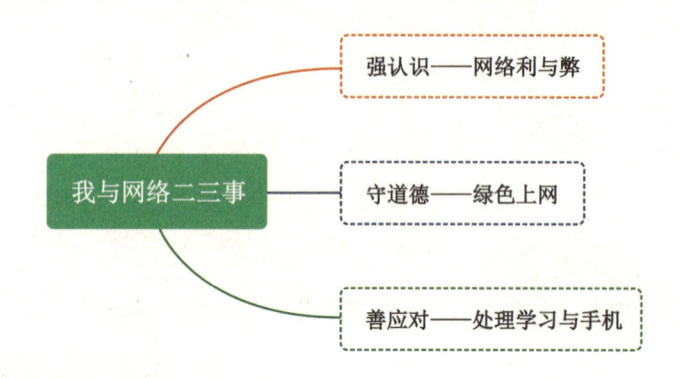

```
我与网络二三事 ── 强认识——网络利与弊
            ── 守道德——绿色上网
            ── 善应对——处理学习与手机
```

活动目标

1. 初步认识手机、网络的利与弊，让学生树立正确的网络学习观。
2. 掌握如何培养网络学习的能力。
3. 掌握如何培养网络合作学习的能力。

活动探究

情境导入

2020年9月，某地某校团委、学生会向全体学生发出一份《某校关于禁止学生携带手机进校园的倡议书》，并指出了"不利于身心健康"等六点使用手机的危害，并对学生提出了"以不带手机为荣"等要求，号召学生禁止携带手机、电子产品进入校园。

为将禁止手机进校园相关措施落实到实处，学校组织专人监督检查，不定期突击检查；并设立手机、电子产品集中整治周。但为方便学生和家长之间联系，将为每个班级、每个宿舍管理员配备一部老年机，每栋宿舍楼根据住校生人数配备相应数量的固定电话，并将班级电话号码、公寓电话号码告知所有家长。

活动 35

🎯 学生思考

1. 这个学校禁用手机进校园的这个做法，你怎么看？
2. 使用手机、利用网络学习有哪些好处？
3. 使用手机、利用网络学习有何不利影响？

✱ 知识探究

因特网通过资源共享可以带领我们连接全世界，但是如何利用好这么庞杂的信息呢？我们要了解网络不同于真实社会，要以健康的心态使用网络，除了聊天与游戏，网络上还有许多宝贵的数据资源可以使用，有助于拓展视野和增长知识，但如果你只是沉迷其中，就失去了使用网络的本质意义，甚至被网络所害。

总之，作为学生应尽早学会正确使用网络，减少网络负面影响所带来的损害。

活动体验

辩 举行班级"网络利与弊"辩论赛。

1. 设定辩论主题：网络利与弊。
2. 角色确定：确定辩题后，进行辩论主持人、评委、正反双方辩手各 4 人的选拔，确定任务性格和任务定位。
3. 辩论过程如下。

（1）主持人致开场词，介绍参赛队员、评委、比赛规则，宣布比赛开始。

（2）比赛阶段。

A. 开始陈词：

正方一辩陈词（时间 3 分钟）。

反方一辩陈词（时间 3 分钟）。

B. 攻辩环节：

正方二辩向对方提问三个问题。

反方二辩向对方提问三个问题。

正方三辩向对方提问三个问题。

反方三辩向对方提问三个问题。

注：当用时剩余 30 秒和结束时有提示，用时结束发言者必须停止发言。

C. 攻辩小结：

正方一辩做攻辩小结（时间 1 分 30 秒）。

反方一辩做攻辩小结（时间 1 分 30 秒）。

D. 自由辩论：

有正方首先发言，双方采取梅花间竹的形式轮流发言（双方累计时间各为 4 分钟）。

E. 总结陈词：

反方四辩发言（时间为 4 分钟）。

正方四辩发言（时间为 4 分钟）。

4. 评委团退席进行评议和裁决。

5. 评决阶段：评判团入席，评判团代表点评赛况；主持人宣布比赛结果。

6. 比赛结束，由老师做总结点评。

说 "点击文明，绿色上网"宣誓及签名活动。

1. 活动目的。

开展"点击文明，绿色上网"宣誓及签名活动，从提高学生认识着手，教育学生自觉遵守《全国青少年网络文明公约》，引导学生辩证地认识网络、真实地面对网络、科学地使用网络，树立文明上网、绿色上网意识，摒弃不良信息，远离文化垃圾，规范学生的网络行为，构筑健康文明的网络空间。

2. 活动分组。

以教学时分成的学习小组为单位。

3. 活动准备。

提前准备好宣誓内容和制作好签名黑板报。

4. 活动实施。

（1）小组分工利用课余时间，收集"点击文明，绿色上网"宣誓内容，主要是文明上网的有关承诺。

（2）课前制作"点击文明，绿色上网"签名黑板报。

（3）由班长带领全体同学宣誓。

（4）全体同学在"点击文明，绿色上网"黑板报上签名。

活动回顾

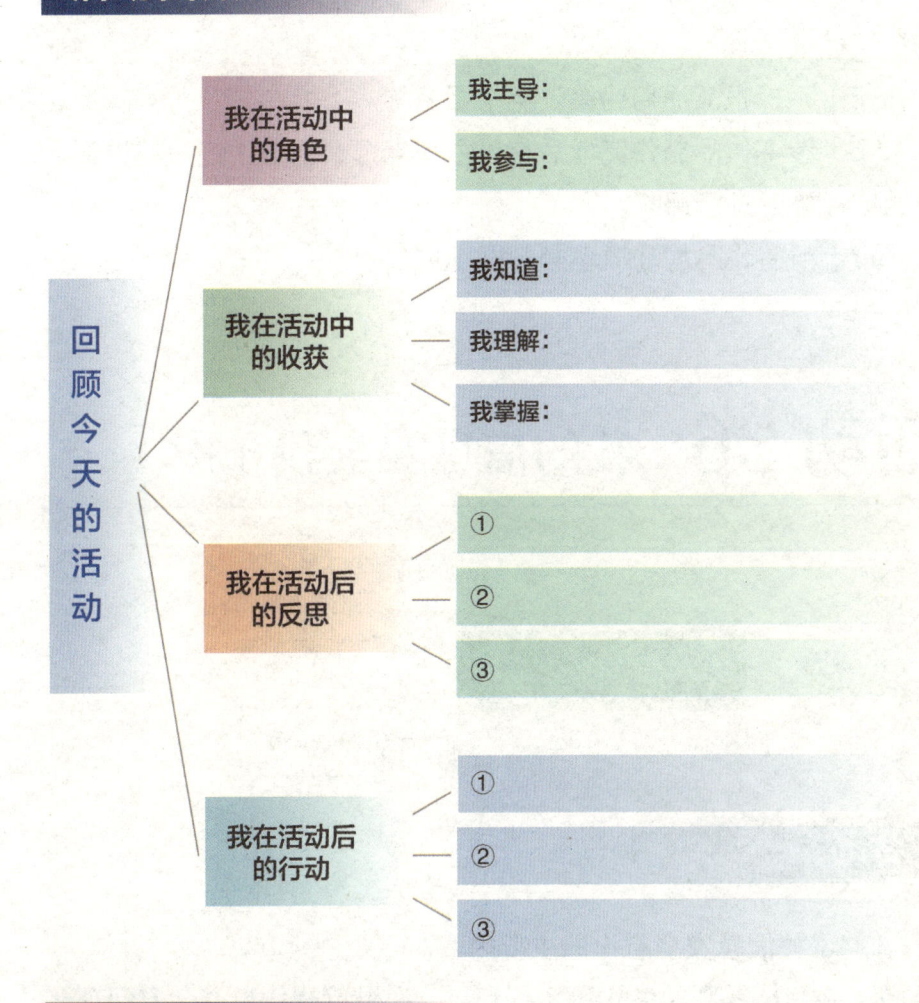

回顾今天的活动
- 我在活动中的角色
  - 我主导：
  - 我参与：
- 我在活动中的收获
  - 我知道：
  - 我理解：
  - 我掌握：
- 我在活动后的反思
  - ①
  - ②
  - ③
- 我在活动后的行动
  - ①
  - ②
  - ③

活动延伸

班级"提高警惕，谨防诈骗"手抄报比赛。

1. 活动分组。

全班分成 6 个学习小组，每个小组设计手抄报 1 份参加比赛。

2. 活动准备。

小组成员分工收集好网络诈骗案例，网络诈骗的各种方式和相应的防范措施的资料，以及相应的图片素材，制作手抄报。

3. 活动要求。

（1）手抄报版面为 A3 纸大小，风格不限，版面组织无要求。

（2）内容积极健康，主题突出；题目自拟，贴切主题。

（3）参赛作品需团队原创设计，严禁抄袭。

（4）活动设一等奖一名，二等奖二名，三等奖三名，颁发奖金与小奖品。

（5）手抄报反面用铅笔注明小组名称。

（6）参赛作品制作完成后交班主任老师，由班主任每组抽调人员组成评委会进行评奖。

（7）所有作品均在教室学习园地展出。

活动 36　我的信息安全我守护

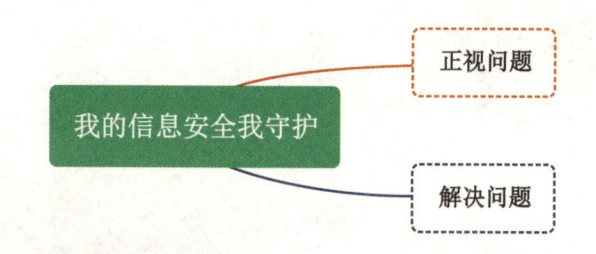

我的信息安全我守护 — 正视问题
　　　　　　　　　　　　└ 解决问题

活动目标

1. 了解信息安全意识的主要内容。

2. 学会从客观角度正确审视自己，反思自我信息安全方面存在的问题。

3. 能够在自我审视中找到解决问题的办法，正确树立网络信息安全意识。

活动探究

情境导入

请同学们观看由湖南省公安厅及湖南省反电诈中心发布的视频《网购信息泄露以后——冒充客服诈骗》。

学生思考

1. 通过观看视频，谈谈你的感受。
2. 结合已有知识，总结信息安全主要包括哪些方面？反思自己在信息安全方面存在哪些问题？

知识探究

网络为我们提供了丰富的信息资源，成为学生学习知识、休闲娱乐的重要平台，但也极易对学生造成伤害。同学们需要清楚地认识到网络安全的重要性，学会理智地对待各种诱惑，增强网络信息安全意识，提高网络信息防范能力。为深入学习和贯彻习近平总书记关于网络强国的重要论述精神，营造健康、安全、文明的网络环境，我们应做到如下几点：

1. 依法上网，严格自律，提高媒介素养。
2. 文明上网，传播美好，弘扬新风尚。
3. 理性上网，明辨是非，释放正能量。

活动体验

思 请根据提示填写空白处。

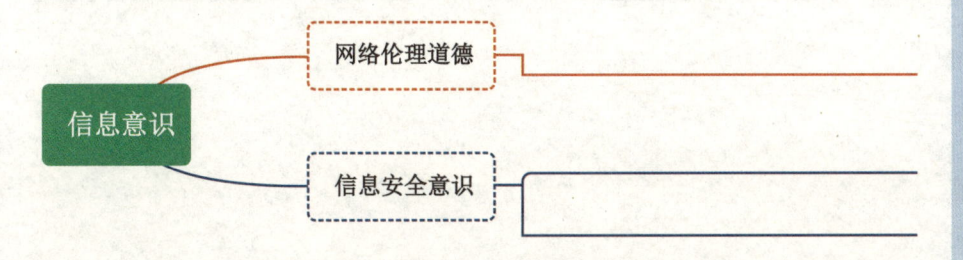

信息意识
├── 网络伦理道德 ─────────
└── 信息安全意识 ─────────

自主能力发展

写 填写近期发生在你身上的一件事，可以是网络伦理道德、信息安全意识方面的事件，任选其一。

主题：	
时间：	地点：
人物：	用时：
概况简述：	
回顾目标（目的与阶段性目标）：	
评估结果（亮点与不足）：	
分析原因（成败原因）：	
总结经验（规律、心得与行动计划）：	
规律、心得：	
行动计划：	开始做
	继续做
	停止做

活动回顾

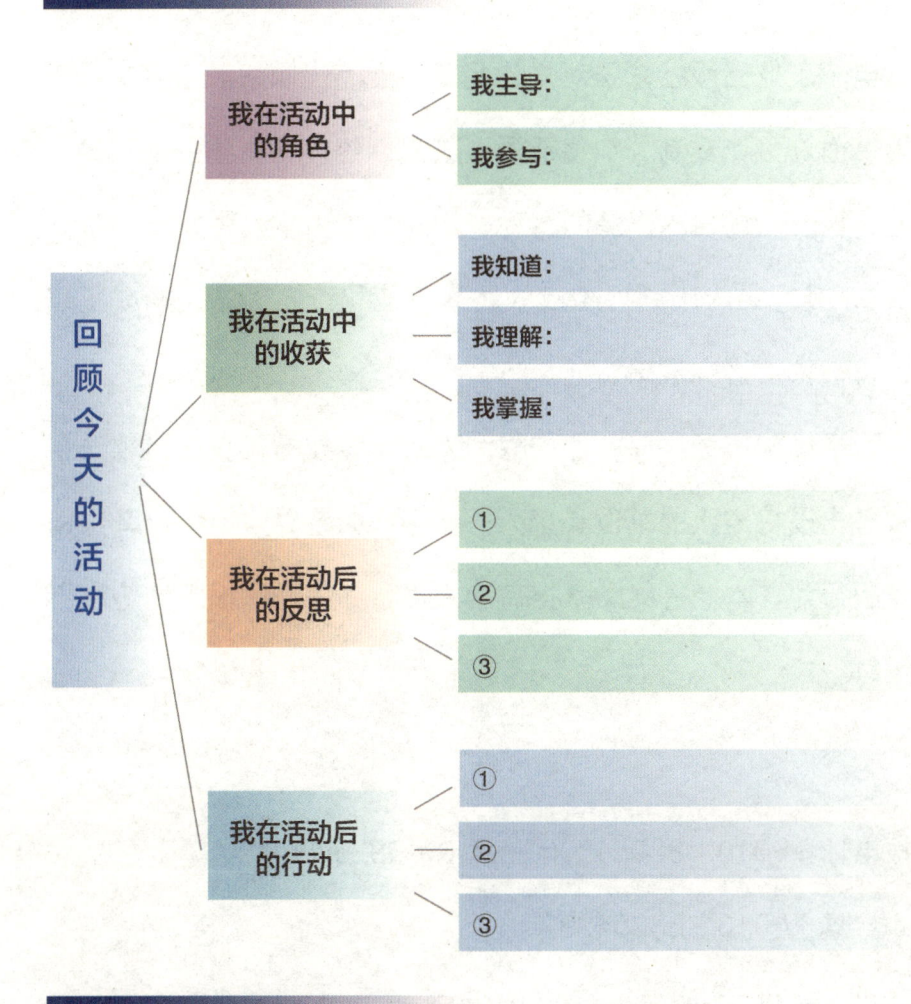

回顾今天的活动
- 我在活动中的角色
  - 我主导：
  - 我参与：
- 我在活动中的收获
  - 我知道：
  - 我理解：
  - 我掌握：
- 我在活动后的反思
  - ①
  - ②
  - ③
- 我在活动后的行动
  - ①
  - ②
  - ③

活动延伸

请同学们观看视频《护苗·网络安全课》。

《护苗·网络安全课》系列课程共有 5 集视频，每集视频时长约为 3 分钟，均采用新型实景动画制作。视频内容分别为"保护个人信息安全""远离不良信息""防止网络诈骗""拒绝网络欺凌""抵制盗版出版物"5 个主题，其内容紧扣网络安全热点问题，通俗易懂，适合青少年观看和学习，以提升青少年学生网络安全意识和素养，并引导其绿色阅读、文明上网。

反侵权盗版声明

电子工业出版社依法对本作品享有专有出版权。任何未经权利人书面许可，复制、销售或通过信息网络传播本作品的行为；歪曲、篡改、剽窃本作品的行为，均违反《中华人民共和国著作权法》，其行为人应承担相应的民事责任和行政责任，构成犯罪的，将被依法追究刑事责任。

为了维护市场秩序，保护权利人的合法权益，我社将依法查处和打击侵权盗版的单位和个人。欢迎社会各界人士积极举报侵权盗版行为，本社将奖励举报有功人员，并保证举报人的信息不被泄露。

举报电话：（010）88254396；（010）88258888
传　　真：（010）88254397
E-mail：dbqq@phei.com.cn
通信地址：北京市万寿路173信箱
　　　　　电子工业出版社总编办公室
邮　　编：100036